经济管理学术文库·经济类

农产品流通渠道的选择与优化研究
——基于社会资本理论和交易成本理论的视角

Selection and Optimization of Distribution Channels for Agricultural Products
—Based on Social Capital and Transaction Cost Theories

彭 晖／著

经济管理出版社
ECONOMY & MANAGEMENT PUBLISHING HOUSE

图书在版编目（CIP）数据

农产品流通渠道的选择与优化研究——基于社会资本理论和交易成本理论的视角/彭晖著. —北京：经济管理出版社，2019.9
ISBN 978-7-5096-6869-6

Ⅰ.①农… Ⅱ.①彭… Ⅲ.①农产品流通—商品流通渠道—研究—中国 Ⅳ.①F724.72

中国版本图书馆 CIP 数据核字（2019）第 181283 号

组稿编辑：杨　雪
责任编辑：许　艳
责任印制：黄章平
责任校对：赵天宇

出版发行：经济管理出版社
　　　　　（北京市海淀区北蜂窝 8 号中雅大厦 A 座 11 层　100038）
网　　址：www.E-mp.com.cn
电　　话：（010）51915602
印　　刷：北京晨旭印刷厂
经　　销：新华书店
开　　本：720mm×1000mm/16
印　　张：11
字　　数：216 千字
版　　次：2019 年 10 月第 1 版　2019 年 10 月第 1 次印刷
书　　号：ISBN 978-7-5096-6869-6
定　　价：56.00 元

·版权所有　翻印必究·
凡购本社图书，如有印装错误，由本社读者服务部负责调换。
联系地址：北京阜外月坛北小街 2 号
电　话：（010）68022974　邮编：100836

前　言

　　中国以小农经济为特征的传统农业生产方式存在天然的不足,在与大市场的对接中,不能有效地抵御市场风险和自然风险,导致农户的收入水平和生产效率不能得到显著提升。小农户—大市场如何有效对接,是我国政府不得不面对的重要问题。由此政府也不断提出促进农业生产和农村经济发展的改革措施,如推出支持农业产业化龙头企业的发展、鼓励订单农业、扶持农业专业合作社等一系列的举措,希望能有效提高农业生产的组织化水平和产业化发展水平。农户在农产品流通渠道的决策方面,也就有了多重选择,农户既可以直接面对市场进行产品销售,也可以参与合作社或通过契约的形式将产品销售给一个产业化龙头企业,通过产业化和组织化的购销行为来实现农产品的销售。但实践中仍然有不少农户坚持采取直接面对市场,通过随行就市的价格进行成交的方式。基于此,这项研究的主要目的是探讨农户在面临市场的流通渠道以及组织化的流通渠道选择时,农户的态度以及影响农户选择的因素,研究促进农户契约稳定性的方法,提出我国农产品流通渠道优化的对策建议。该研究对于厘清我国农户面对农产品流通渠道选择时的影响因素,进而采取措施促进我国农业产业化发展具有重要意义。

　　本书利用流通经济学理论、交易成本理论和社会资本理论,在对农户的特征以及农产品流通渠道演进分析的基础上,构建了基于社会资本和交易成本理论的农户农产品流通渠道选择的综合分析框架,并利用结构方程模型中偏最小二乘方法,对陕西菜农进行了入户调查,通过问卷信息实证分析了社会资本、交易成本与农户农产品流通渠道选择之间的关系。通过构建农户与龙头企业的契约稳定性分析的博弈模型,将社会资本中的结构维度和关系维度的变量嵌入,分析社会资本对农户契约稳定性带来的影响。最后,分析了促进农产品流通渠道优化的措施,即促进农产品流通从供应链管理向价值链管理转型,利用Rubinstein模型分析了价值链管理中流通利润的分配问题。

　　本书研究的主要观点是:①社会资本的建立有利于农户利用组织化的流通渠道进行产品销售;当农户采取市场渠道进行交易面临较高的交易成本时,农户将选择组织化的流通渠道进行产品销售,所以,社会资本和交易成本共同作用,对农户的流通渠道选择产生影响。②在农户与龙头企业合作过程中,将社会资本嵌入有利于农户保持契约的稳定性,所以,龙头企业可以大力发展与农户的社会资本关系,通过构建新型的产销关系模式，获得稳定的货源渠道。③在社会资本的作用下，农产品流通渠道的构建可以实现从供应链管理向价值链管理的转型，通过价值链体系中各市场主体的信息共享、利润合理分配的原则，提高农户的讨价还价能力，有利于提高农户在流通利润分配中的比例，从而提高农户参与农业产业化发展的积极性，实现整个价值链收益的最大化。

本书研究成果丰富了农户农产品流通渠道选择的理论分析体系。从社会资本和交易成本的视角，建立了一个全面的分析框架研究农户农产品流通渠道选择的影响因素。此外，建立了农户与龙头企业的博弈模型，通过数理模型分析社会资本嵌入对农户契约稳定性的影响，有助于完善农户契约稳定性的理论研究体系。本书成果对于农业产业化进程中各市场主体通过构建有效的社会资本，缓解农产品流通过程中不同利益主体的矛盾，形成和谐的产销关系具有积极的指导意义。

在本书写作过程中，得到了很多人的帮助，李明轩、王哲、张嘉望、郭金娥、王奕淇、崔健和李丰参与了问卷调研工作，李明轩参与了问卷设计、王哲参与了第五章的实证分析工作、李亚丽参与了第六章的撰写工作、刘照清参与了第七章的撰写工作，李海港和王小华也为本书撰写做了大量的辅助工作。没有他们的参与和协助，本书将无法顺利完成。在此对他们的辛勤付出表示衷心感谢！

由于时间、精力和能力限制，同时由于数据和方法的局限，本书的很多问题还处于探索研究阶段，错误和不足之处在所难免。对于书中的错误，恳请广大的读者不吝赐教！

最后，衷心感谢杨雪编辑的大力支持和帮助！

彭 晖

2019 年 6 月 6 日

目 录

第一章 导论 ……………………………………………………………… 1

  第一节 问题的提出 ………………………………………………… 1
    一、研究背景 …………………………………………………… 1
    二、研究意义 …………………………………………………… 5
  第二节 研究思路和研究方法 ……………………………………… 6
    一、研究思路和研究框架 ……………………………………… 6
    二、研究方法 …………………………………………………… 6
    三、相关概念和研究范围的界定 ……………………………… 8
  第三节 国内外研究现状 …………………………………………… 10
    一、国外研究现状 ……………………………………………… 10
    二、国内研究现状 ……………………………………………… 11
    三、研究述评 …………………………………………………… 12

第二章 理论基础 ………………………………………………………… 13

  第一节 流通理论及在农产品流通中的应用 ……………………… 13
    一、流通经济理论 ……………………………………………… 13
    二、流通经济理论在农产品流通中的应用 …………………… 15
  第二节 交易成本理论及在农户研究中的应用 …………………… 16
    一、交易成本理论 ……………………………………………… 16
    二、交易成本理论在农户研究中的应用 ……………………… 17
  第三节 社会资本理论及在农户研究中的应用 …………………… 19
    一、社会资本理论 ……………………………………………… 19
    二、社会资本理论在农户研究中的应用 ……………………… 25

第三章 农户及农产品流通渠道的历史演进 …………………………… 29

  第一节 中国农户的特征分析 ……………………………………… 29
    一、农户行为理论分析 ………………………………………… 29

二、农户生产经营行为的假设 …………………………………… 31
　　三、中国农户生产经营的现状 …………………………………… 33
　　四、中国农户的特征分析 ………………………………………… 35
第二节　中国农产品流通渠道的演进历程 …………………………… 37
　　一、计划经济时期农产品流通渠道的演进过程 ………………… 37
　　二、市场化进程中的农产品流通渠道演进过程 ………………… 38
第三节　农产品流通渠道的主要类型分析 …………………………… 39
　　一、农产品流通渠道的参与主体 ………………………………… 39
　　二、农产品流通渠道的主要类型 ………………………………… 41
第四节　农户参与农产品流通的主要渠道分析 ……………………… 43
　　一、农户纯市场型参与型渠道 …………………………………… 43
　　二、农户采用订单农业的渠道模式 ……………………………… 45
　　三、农户利用合作社的中介参与型渠道模式 …………………… 46
　　四、农户参与企业化生产销售的渠道模式 ……………………… 46
第五节　农户农产品流通渠道选择的原则和过程 …………………… 47
　　一、不同农产品流通渠道的交易特征 …………………………… 47
　　二、农户农产品流通的市场化渠道和组织化渠道分类 ………… 48
　　三、农户农产品流通渠道选择的原则 …………………………… 49
　　四、农户农产品流通渠道选择的程序 …………………………… 50

第四章　农产品流通渠道选择影响因素的理论模型 …………………… 52

第一节　农户在农产品流通活动中的市场地位分析 ………………… 52
　　一、农产品流通活动的特点分析 ………………………………… 52
　　二、农户的市场主体地位分析 …………………………………… 54
　　三、农户参与流通活动的特点分析 ……………………………… 55
第二节　交易成本对农产品流通渠道选择的影响机理分析 ………… 56
　　一、农产品流通过程中的交易成本分析 ………………………… 56
　　二、农产品流通中交易成本对农户流通渠道选择的影响机理分析 …… 58
第三节　社会资本对农产品流通渠道选择的影响机理分析 ………… 65
　　一、农户的社会资本分析 ………………………………………… 65
　　二、社会资本对农户流通渠道选择的影响机理 ………………… 69
第四节　社会资本对农产品流通交易成本的影响机理 ……………… 71
　　一、社会资本结构维度对农产品流通中交易成本的影响 ……… 71

二、社会资本关系维度对农产品流通中交易成本的影响 ……………… 72

　　三、社会资本认知维度对农产品流通中交易成本的影响 ……………… 73

　第五节　农产品流通渠道选择影响因素的综合分析模型 …………………… 74

第五章　农产品流通渠道选择影响因素的实证研究 ……………………… 76

　第一节　问卷设计 ………………………………………………………………… 76

　　一、问卷设计原则 …………………………………………………………… 76

　　二、问卷设计程序 …………………………………………………………… 77

　第二节　变量设计和变量测量 …………………………………………………… 78

　　一、变量设计 ………………………………………………………………… 78

　　二、交易成本变量测量 ……………………………………………………… 78

　　三、社会资本变量测量 ……………………………………………………… 81

　　四、农产品流通渠道选择的变量测量 ……………………………………… 84

　第三节　调查程序 ………………………………………………………………… 85

　　一、问卷的调查过程 ………………………………………………………… 85

　　二、问卷的收集 ……………………………………………………………… 85

　第四节　实证结果 ………………………………………………………………… 88

　　一、测量项目的分析 ………………………………………………………… 88

　　二、变量测量 ………………………………………………………………… 89

　第五节　实证结果分析 …………………………………………………………… 92

　　一、PLS-SEM 结构模型检验结果 ………………………………………… 92

　　二、结构方程模型结果分析 ………………………………………………… 93

第六章　社会资本嵌入视角的农户契约稳定性研究 ……………………… 99

　第一节　提升农户契约稳定性的方式 …………………………………………… 99

　　一、农户契约保持稳定的意义 ……………………………………………… 99

　　二、提高农户契约稳定性的方法 …………………………………………… 100

　第二节　基于社会资本嵌入的农户契约博弈模型分析 ………………………… 102

　　一、博弈模型的变量设定 …………………………………………………… 102

　　二、未引入社会资本时农户与龙头企业的博弈模型 ……………………… 103

　　三、社会资本嵌入后农户契约的无限重复博弈模型 ……………………… 106

　第三节　案例研究 ………………………………………………………………… 120

　　一、陕西恒绿科技有限公司的简介 ………………………………………… 120

二、恒绿科技与农户合作过程中发生的问题 ………………………… 121
三、引入社会资本后恒绿科技与农户契约关系的变化……………… 121

第七章 基于价值链的农产品流通渠道的优化 …………………………… 128

第一节 农产品流通渠道优化的目标 ………………………………… 128
一、效率目标 ……………………………………………………… 128
二、公平目标 ……………………………………………………… 128
三、合作目标 ……………………………………………………… 128
四、安全目标 ……………………………………………………… 129

第二节 农产品流通渠道优化方式 …………………………………… 129
一、供应链与价值链的对比 ……………………………………… 129
二、基于供应链管理的传统流通方式的弊端 …………………… 130
三、基于价值链管理的农产品流通渠道的特征 ………………… 131

第三节 农产品流通渠道优化中价值链管理的关键问题 …………… 133
一、农产品流通渠道的收益在参与主体间的合理分配………… 133
二、农产品流通渠道的信息在市场主体间的共享 ……………… 136

第四节 价值链管理模式下农产品流通渠道的构建 ………………… 138
一、价值链下农产品流通渠道构建的三种方式 ………………… 138
二、价值链下农产品流通渠道构建的优势 ……………………… 139

第八章 总结和展望 ………………………………………………………… 141

第一节 总结与对策 …………………………………………………… 141
一、全书总结 ……………………………………………………… 141
二、对策建议 ……………………………………………………… 142

第二节 研究展望 ……………………………………………………… 144
一、本书研究的创新点 …………………………………………… 144
二、本书研究的不足 ……………………………………………… 144
三、研究展望 ……………………………………………………… 145

参考文献 …………………………………………………………………… 146
附　录 ……………………………………………………………………… 163
后　记 ……………………………………………………………………… 168

第一章 导论

第一节 问题的提出

一、研究背景

1. 农产品流通对经济建设的意义

随着我国市场化进程的不断深入以及产业结构升级的不断加快,第二、第三产业在我国国民经济中的占比越来越大,在产业结构高度化发展的今天,在我国取得巨大发展成就的同时,我们也要意识到我国仍然是一个农业大国,农业人口所占的比重较大,农业的发展对于我国的长治久安仍然具有重要的意义,农业丰则基础强,农民富则国家盛,农村稳则社会安①。

从20世纪70年代末开始的以推行家庭联产承包责任制为突破口的我国农村经济体制改革,率先开始了中国经济改革的尝试,先后采取了放开物价、开放农产品市场、大力发展乡镇企业、发展外向型农业、推动农业规模化和产业化经营等诸多措施,农业和农村经济发展取得了举世瞩目的巨大成就,加之农业科学技术的发展和大力推广,使农业劳动生产率大大提高,产量增加,中国农业发展已经进入一个新的阶段,农业发展所面临的约束条件也发生了改变。中华人民共和国成立后,长期困扰我国经济发展和社会稳定的农产品供应短缺问题已基本解决,农产品生产的产量和数量迅速增加,农产品的供给和需求发生了巨大变化,从总量不足的供给制约变为局部结构过剩的需求制约,农业生产已由产量约束转变为需求约束,市场格局已由卖方市场转变为买方市场,所以除了重大的自然灾害以外,农产品生产者所面临的风险已经从生产领域转向市场流通领域。

尽管改革开放后,中国农村经济发生了天翻地覆的变化,取得了很大的成绩,但是也面临着诸多的问题,如农户面临市场价格波动加大,增产不增收,收入非常不稳定,对收入的预期常常无法实现,影响了农民收入的增长,导致城乡居民收入

---

① 中国政府网.中共中央 国务院关于积极发展现代农业扎实推进社会主义新农村建设的若干意见[EB/OL].[2007-1-1]. http://www.gov.cn/gongbao/content/2007/content_548921.htm.

差距进一步扩大,这直接影响了农户从事农业生产的积极性和主动性,多种原因造成城乡经济发展差距不断增大的事实,影响了我国经济稳定均衡的发展,从而导致"三农"问题长期成为困扰我国经济建设和社会稳定、和谐发展的重要问题。有鉴于此,党中央已经充分意识到这个问题的严重性,连续多年发布以农业、农村和农民为主题的中央"一号文件"(见表1-1),分别从增加农民收入、提高农业综合生产能力、构建新型农业经营主体、实施农业供给侧改革等方面着手,其着眼点不仅在于解决农民的生计,更是希望能全面协调城乡之间经济社会发展水平,缩小城乡差距,促进城乡和谐发展。而构建新型农业经营主体、促进农业现代化发展是中央在新的发展阶段为解决"三农"问题做出的战略性部署,对于全面建设小康社会和统筹城乡发展具有重大的意义。

表1-1 中共中央 国务院历年发布的涉农"一号文件"

年份	序号	一号文件汇总
1982	1	《全国农村工作会议纪要》,总结了具有划时代意义的农村改革,肯定了包产到户、包干到户
1983	2	《当前农村经济政策的若干问题》提出放活农村工商业
1984	3	《关于1984年农村工作的通知》,指出继续稳定和完善联产承包责任制,规定土地承包期一般应在15年以上,鼓励发展社队企业,鼓励专业户生产致富
1985	4	《关于进一步活跃农村经济的十项政策》取消了30年来农副产品统购派购的制度,农民获得了经营自主权
1986	5	《关于1986年农村工作的部署》,强调要增加农业投入
2004	6	《中共中央 国务院关于促进农民增加收入若干政策的意见》历史性地实施"两减免"(减免农业税和农林特产税)、三补贴(粮食直补、良种推广补贴和农机具购置补贴)
2005	7	《中共中央 国务院关于进一步加强农村工作提高农业综合生产若干政策的意见》指出要坚持多予少取放活的方针,稳定、强化各项支农政策,提高农业综合生产能力
2006	8	《中共中央 国务院关于推进社会主义新农村建设的若干意见》更进一步增加了财政支农资金的增量,提高了国债和预算内资金用于农村建设的比重
2007	9	《中共中央 国务院关于积极发展现代农业扎实推进社会主义新农村建设的若干意见》提出要发展现代农业,扎实推进社会主义新农村建设
2008	10	《中共中央 国务院关于切实加强农业基础建设进一步促进农业发展农民增收的若干意见》提出加强农业基础地位,走中国特色农业现代化道路
2009	11	《中共中央 国务院关于2009年促进农业稳定发展 农民持续增收的若干意见》提出28点措施促进农业稳定发展与农民持续增收

第一章 导论

续表

年份	序号	一号文件汇总
2010	12	《中共中央 国务院关于加大统筹城乡发展力度进一步夯实农业农村发展基础的若干意见》为保增长、保民生、保稳定提供了基础支撑
2011	13	《中共中央 国务院关于加快水利改革发展的决定》提出加大公共财政对水利的投入
2012	14	《中共中央 国务院关于加快推进农业科技创新持续增强农产品供给保障能力的若干意见》提出要强科技保发展、强生产保供给、强民生保稳定
2013	15	《中共中央 国务院关于加快发展现代农业进一步增强农村发展活力的若干意见》提出要着力构建集约化、专业化、组织化、社会化相结合的新型农业经营体系
2014	16	《中共中央 国务院关于全面深化农村改革加快推进农业现代化的若干意见》提出要破除体制机制弊端，扶持新型农业经营主体、赋予农户更多财产权利
2015	17	《中共中央 国务院关于加大改革创新力度加快农业现代化建设的若干意见》提出要适应新常态，加快农业转变、促进农业增收、加快农村土地确权
2016	18	《中共中央 国务院关于落实发展新理念加快农业现代化 实现全面小康目标的若干意见》提出要坚持农民主体地位、促进农业现代化发展、保障食品安全
2017	19	《中共中央 国务院关于深入推进农业供给侧结构性改革加快培育农业农村发展新动能的若干意见》提出以增加农民收入、保障有效供给为主要目标，提高农业供给质量
2018	20	《中共中央 国务院关于实施乡村振兴战略的意见》指出要建立健全城乡融合发展的体制机制和政策体系
2019	21	《中共中央 国务院关于坚持农业农村优先发展做好"三农"工作的若干意见》强调要牢固树立农业农村优先发展政策导向，做好组织、政策和人才方面的保障

资料来源：笔者根据中华人民共和国中央人民政府官网信息整理。

在中央一号文件中，自1982年的第一份文件就涉及了农村商品流通问题，提出要"改善农村商品流通"，以后几乎所有的文件都或多或少地涉及了农产品流通问题。特别是1985年中央一号文件提出改革农产品统购派购制度，正式宣告农业生产中计划指令式生产模式的终结，鼓励农户将自产的农产品进入市场进行流通，通过将农产品自行推向市场、在市场进行自由的交易、按照市场价格随行就市成交、依据产品质量实行优质优价的行为，农户有了在农业生产和流通领域的自主决策权，这是农产品流通领域市场化改革的重要起点。此后，健全农产品市场体系、促进农产品流通的措施不断提出，提高农产品的供给、鼓励新型农业经营主体的发展、保障食品安全等众多措施纷纷出台，反映了中国政府对于农业发展问题的关心，说明了农村、农业和农民问题在中国经济发展中的重要性，但也从一个侧面反映了"三农"问题在中国仍然是亟待解决的问题。

2. 农产品流通不畅对农村经济建设的影响

长期以来，特殊的经济政策导致中国呈现出城乡二元经济结构的发展模式，农业通过剪刀差的方式为第二产业发展提供了大量支持，导致政府对农业产业的投入极为薄弱，特别是在"重生产、轻流通"观念的影响下，农产品流通存在诸多问题，如流通成本高、效率低、流通基础设施陈旧、流通交易方式落后、农产品入市难等问题，农产品流通已经阻碍了农业生产的发展。近年来，随着工业反哺农业政策的实施，政府财政对农业的支持力度加大，伴随着农业生产技术水平的发展，农业生产率水平大幅提高，农产品产量大幅增长，但农产品流通不畅、农产品卖难问题仍然没有彻底解决。虽然农村基础设施建设不断完善，交通通信体系已经覆盖了乡村，流通设施如农贸市场和批发市场、冷库建设也不断扩展，但"苹果挂在枝头、蔬菜烂在田里、生猪存在栏里"的案例仍然频频爆出，农民增产难以增收。所以近年来各地从"拯救西瓜"到"爱心芹菜"①，不断上演着农产品卖难的困境。媒体上连篇累牍地报道着农户的产品卖不出去，农户不得不让农产品烂在地里②，政府部门也在一遍又一遍地提出解决农产品流通问题的政策和举措。从中央部委到乡镇各级政府，从媒体到普通商家都表现出了极大的责任心和对"三农"问题的关注和热情，但是，很多举措和行动都只是头痛医头、脚痛医脚的临时性行为，很难从根本上解决农户真正面临的困境，导致农户增收缓慢，城乡差距进一步加大。

农产品的销售如果无法实现，不仅会影响农业生产和农民增收，也会抑制农民消费的意愿，延缓农村的市场化进程，不利于我国扩大内需、促进经济增长政策的实施。这些现象实际上折射出小农户生产与大市场的矛盾日益突出：将分散的个体农户所生产的农产品大量收购汇集到城市中，再分销给众多的消费者，需要一整套结构合理、功能完备的流通网络体系。农户家庭作为农业生产经营的基本组织单元并不能承担起日益加快的农产品市场化发展的重任，传统的流通组织和服务组织也由于功能薄弱不能适应农村经济由自给自足的封闭型发展到全方位改革开放的需要。小农户和大市场之间缺乏有效的连接机制，农业和农村经济的持续发展迫切需要农产品流通体制创新。外国优质低价的农产品依托农户的规模化大生产以及高效的流通渠道大举进入中国市场③，对我国农产品生产和流通构成了更加严峻的挑战。所以

---

① 当西瓜、芹菜等农产品过剩，农户产品滞销时，在媒体的呼吁下，一些公益性组织或是企业自发大量购买，然后再以免费的方式向市民相送，以缓解农户产品滞销的困境，这类行动被宣传为"拯救西瓜"或"爱心芹菜"。

② 本课题组在调研时，种植莲花白的农户戏称"莲花白，连着赔"，将未采摘的莲花白用旋耕机旋在地里，不再采摘，因为采摘还需要雇小时工，一斤莲花白卖 0.08 元/斤，卖的钱不够付雇工费。

③ 最近的一个事件就是中国已经解禁美国牛肉，同意在符合"美中农业合作协定"条件下进口符合国际食物安全与动物健康标准的美国产牛肉，这将对我国养牛人的销售和收入产生影响。

要将大量农副产品顺畅地从千千万万的农户手中转移到国内外成千上万的消费者手中，需要一套科学完善的农产品流通体制，令流通环节发挥生产与消费之间的桥梁与纽带作用，使农产品真正转化为商品，实现农产品的价值。

二、研究意义

农产品流通对于从事农业生产活动的农户来说，是其生存和发展的根本问题，对于广大消费者而言，又与其生活水平的提高和食品安全水平密切相关，所以无论是对于农产品的生产者还是农产品的消费者；无论是对于政府管理部门还是学术界，这都是值得共同关注的重要问题。中国目前农产品生产虽然呈现出总量基本平衡，但是局部常常出现供过于求的状况，导致供给端"菜贱伤农"现象常常发生，特别是对于生鲜蔬菜农产品而言，这种现象更为普遍；由于农产品流通过程中存在的信息不连通、流通成本高等问题，消费端又常常出现"菜贵伤民"的现象，再加上时时出现的食品安全事件，直接影响了消费者的生活水平提高，导致消费者的不满和抱怨，也引发了民众对于政府政策和政府执政能力的怀疑，对于整个社会的稳定和经济的发展都具有不利的影响。所以农产品流通问题研究不单单是流通经济学特定的研究范畴，更是一项庞大的系统工程（夏春玉，2016），需要来自不同领域的理论工作者结合不同的理论学说给予持续的关注以及多样化的解读和研究。

由于我国农业特殊的发展背景，农户小规模分散经营仍然是我国农业生产的主要形式，目前经营耕地规模10亩以下的农户数仍然超过2.1亿户（韩俊，2019）。中国以小农经济为特征的传统农业生产方式存在天然的不足，在与大市场的对接中，不能有效地抵御市场风险和自然风险，导致农户的收入水平和生产效率不能得到显著提升，也影响了农业生产的发展。小农户—大市场如何有效对接，是我国政府不得不面对的重要问题。由此政府提出了促进农业产业化发展的改革措施，如支持农业产业化龙头企业的发展、鼓励订单农业、扶持农业专业合作社等一系列的举措，希望能有效提高农业生产的组织化水平和产业化发展水平。农户在农产品流通渠道的决策方面也就有了多重选择，农户既可以直接面对市场进行产品销售，也可以参与合作社或通过契约的形式将产品销售给一个产业化的组织，通过产业化和组织化的购销行为来实现农产品的销售。虽然农户通过加入合作社或是通过契约的方式能有效提高交易效率，提升农户的收入水平，但是目前仍然有不少的农户坚持采取直接面对市场，通过随行就市的价格进行交易，或是农户将部分产品交给合作社进行销售，其余部分产品自行销售，如受访社员交给合作社的产品比例只有62%（蔡荣等，2015），46%以上的社员中超过一半的农产品没有通过合作社进行销售（谭智心和孔祥智，2012），即现有农户还是无法摆脱鲜明的小农经济特征。由此引出一个问题，在面对农产品流通的多渠道选择时，农户会如何进行决策？哪些因素会影响农户对流通渠道的选择？现有的文献较多从交易成本的视角对农户流通渠道选择的影响因素进行了分析，研究表明除了农户的个性特征以外，交易成本是农户在选择农产品流通渠道时的主要影响因素，而农户在确定是否参与纵向协作关系时也主要是基于交易成本的考虑。由此又引出另外一个问题，除了农产品流通中的交易成本以外，是否存在其他影响因素对农户的农产品流通渠道选择产生影响？基于此，本书从社会资本与交易成本的视角进行探讨，分析农户在面对不同流通渠道选择时，影响其选择的决定因素，进而从社会资本和交易成本的视角探讨如何能有效促进农户的农产品流通效率的提升，实现农业产业化水平的提高。

1. 本书的理论意义

（1）依据社会资本理论和交易成本理论构建了农产品流通渠道选择的综合分析框架，有助于全面理解和分析农户流通渠道选择的影响因素，对研究农产品流通渠道的变革和演进具有理论意义。

（2）建立了影响农户契约稳定性的博弈分析模型，将社会资本概念中的信任、信誉、社会规范和人际关系网络变量引入模型分析了社会资本对农户契约稳定性的影响，发现引入社会资本后可以有效提高农户与龙头企业契约的稳定性，从而为提高农户契约稳定性相关研究提供了一个不同的理论视角。

2. 本书的现实意义

（1）根据农户对农产品流通渠道进行选择时的影响因素分析以及社会资本对农户契约履约的影响，提供流通渠道中下游参与主体进行决策的依据。

（2）构建农户对流通渠道选择的影响因素的理论分析模型，为政府决策部门提出农产品流通领域的改革和发展政策提供依据，从而对于加快农业产业化的进程、提高农户生产和流通的组织化程度具有积极的现实意义。

第二节　研究思路和研究方法

一、研究思路和研究框架

本书的基本思路是，首先进行文献综述，把握国内外研究农户流通渠道选择的研究方法和研究成果，采用文献研究方法，提出本书研究的理论基础。其次根据理论逻辑框架，提出本书的研究主张和理论模型，最后运用调查资料，开展实证研究，进行数理模型的分析和案例分析。本书研究的基本框架如图1-1所示。

二、研究方法

本书采取的研究方法如下：

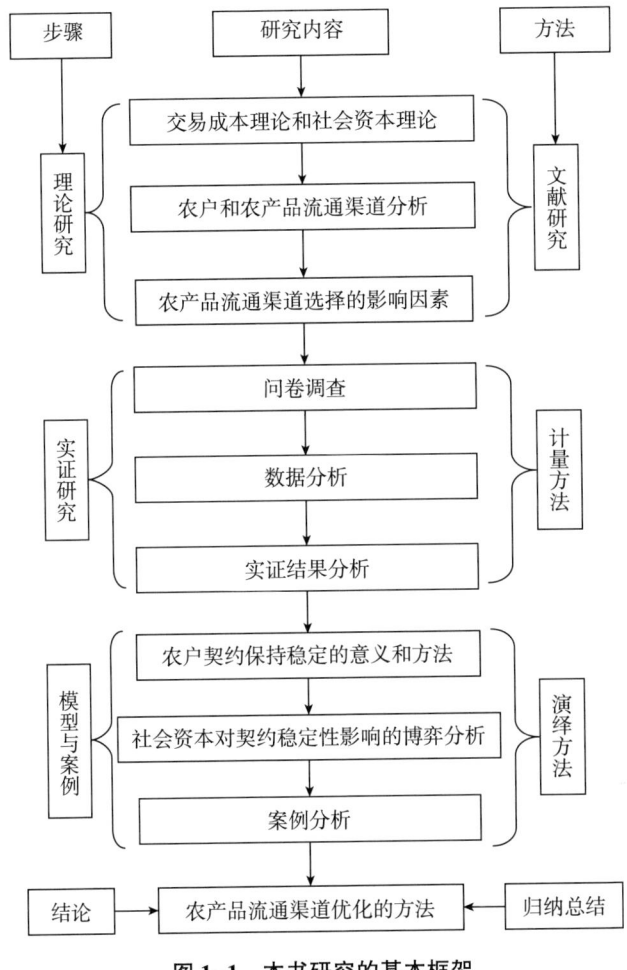

图 1-1　本书研究的基本框架

1. 文献研究法

收集和整理有关交易成本与社会资本的有关理论，并依据研究目的梳理出与农户研究有关的文献进行综合整理和分析，从而形成对本课题研究具有支撑的基本理论依据。

2. 理论研究与案例研究相结合

在理论研究方面，将基于流通经济学、制度经济学和社会资本理论，分析农户农产品流通渠道选择的影响因素，进而构建理论模型进行分析。在案例研究方面，将根据理论研究的结果对调查对象进行深度访谈，通过案例针对企业为了保持与农户契约稳定性所采取的措施进行分析讨论。

3. 演绎分析与实证分析相结合

在观点的阐述和证明上，本书采取了演绎与实证相结合的方法。分析农户流通渠道选择的影响因素时，在理论分析的基础上采用实证研究的方法进行验证；进一步分析如何促进农户契约稳定性方面，本书采用了博弈模型进行演绎分析，从而使本书的论点有理有据，增强了研究的科学性和说服力，并在此基础上，给出政策建议。

三、相关概念和研究范围的界定

1. 农户

农户和农民这两个词汇属于同义词。农民的称谓在我国常常具有贬义性的理解，在社会阶层划分中具有歧视性的含义，其实，农民一词既有职业的含义，也有社会阶层的含义，同时还具有区位的概念。如我国连续五年在中央一号文件中提出要培养和支持新型职业农民，此处的农民被赋予的含义为一种职业，与工人、教师、军人同属社会分工体系中的一种职业类型。但是我国特殊的户籍制度使农民除了表现为一种职业的概念以外，还有了一种身份的概念。而具有的区位概念则意味着农民是生活在农村地区的。为了与农民的其他概念相区别，本书使用农户一词来代替农民一词。

基于本书研究需要，定义的农户是指在农村居住并以从事农业生产经营活动为主要收入来源的农业个体经济组织。在现有的农户类型中，存在着几种形式。一类农户是虽然从事农业生产，参与农业种植、养殖活动，但是仅仅将所种植、养殖的农产品作为自用，而不将种植、养殖的农产品进行商品化。这类农户在农村具有一定的比例。由于农产品种植、养殖的成本和收益的原因，农户撂荒土地，仅仅耕种少量农产品供自己消费，生产的目的是直接满足农户家庭生活消费的需求。还有一类农户虽然名义上称为农户，但是却已经不从事农产品的种植、养殖，仅仅从事农产品的经销业务，如农村的经销大户等。这两类农户都不属于本书所讨论的农户。本书所研究的农户，是指既从事农产品的种植、养殖，即从事农业生产活动，同时也进行农产品商品化活动的农户，其从事农业生产的目的主要是希望通过收获农产品进行市场交换来追求农产品的价值实现。此外，农场或企业性质的农场，虽然从事农业生产经营活动，但是由于其具有规模化经营的特征，亦非本书所研究的对象，本书仅针对小农，即小规模生产的农业个体从业者，主要依靠自己的劳动（在农忙时节也会少量雇用小时工）来进行农业生产活动的农户。

2. 农产品

本书所讨论的农产品主要是指生鲜蔬菜农产品。不同的农产品由于使用用途、产品特性不同，流通的方式和渠道具有较大的差别，如耐储藏的农产品，像玉米等粮食作物，其不易腐烂和耐储存的特点导致其收获后不一定急于出售，所以具有收获时间和销售上市时间的差异，农户选择流通渠道时具有一定的选择和考虑的余地，这会导致农户对某一流通主体的依赖性不强或者说农户对购销商具有较大的选择空间，如部分农户把粮食销售给小粮贩，但是会通过选择不同的销售时机来化解单一销售渠道可能会带来的交易风险（徐雪高，2011）。仓储条件和资金流动性的约束对于农户售粮行为产生影响，拥有较好仓储条件的农户和不存在流动性约束的农户会推迟其玉米销售行为，以免陷入玉米集中上市导致收购价下降的矛盾（柳海燕等，2011），由此可以看出，对于耐储存的粮食产品，农户对销售时机有决策权，从而对于流通主体的选择范围广。此外，附加价值高的农产品由于具有高附加值的特点，流通渠道也具有不同的特征。易腐的时令生鲜蔬菜类产品具有附加价值较低且储存周期短的特点，因而农产品收获季节到来之时，也是农户需要尽快进行产品销售之时，这就导致了菜农对其他流通主体的依赖性增强，当蔬菜产品收获以后，只要有下游市场主体进行收购，农户也许就不会对交易对手进行挑选，只会急于卖出产品，所以蔬菜农产品上市以后农户对流通渠道具有较小的选择余地。

3. 农产品流通渠道

农产品生产收获以后，如果是商品化的农产品，必然需要通过一定的途径将农产品从田间地头运送到城乡市场，供消费者进行消费。而农产品通过市场主体，经过批发零售的过程，最终完成从生产环节到消费环节的转移，帮助完成这所有过程的市场主体总和就构成了农产品流通渠道。农产品流通渠道包括农产品流通的参与主体、农产品流通的组织形式以及农产品的流向和路线三要素。农产品流通的参与主体包括农户、农业合作组织、批发商、零售商、代办、龙头企业、厂矿企业、消费者等，农产品流通的组织形式是指组织农产品流通的环节，包括购、销、运、存、储、包装和加工等环节，流通参与主体不同、流通组织形式不同或农产品的流向不同就构成了不同的流通渠道，所以同种或不同种的农产品可以有众多不同的流通渠道设计（后文将会详细讨论各类农产品流通渠道）。而不同的流通主体基于自身利益考虑，会选择不同的流通渠道参与到农产品流通过程中，即流通主体会面临多条流通渠道的选择，到底选择哪一条流通渠道，取决于流通主体的选择标准和选择依据。基于研究目的，本书仅仅讨论农户面临不同流通渠道选择时所做选择的依据或影响因素，而不讨论其他流通主体的渠道选择问题；且依据本书的研究目的，遵循经济学研究常用的"删繁就简"的建构范式（王晓东和张昊，2012），将农户所采用的流通渠道归纳为基于农户是依靠市场化的途径还是依靠组织化的途径进行农产品的销售，即将农户面对的多种流通渠道归纳为市场化渠道和组织化渠道两类进行分析，后文将进一步对此进行讨论。

第三节 国内外研究现状

农产品流通问题已成为一个重要的研究领域。在该领域的研究涉及农产品流通体制和政策（姜长云，2012）、农产品流通产业（彭晖和张颖，2015；孙伟仁等，2018）、农产品流通效率（彭晖和南昕峪，2015；何小洲和刘丹，2018）、农产品流通模式（朱华友和谢恩奇，2013；汪旭晖和张其林，2014）等。当然更多的是涉及农产品流通中微观主体行为研究。

农产品流通微观研究文献大多致力于研究农产品供应链中农户与合作伙伴之间合作关系的构建、新型农产品供应链的发展对农户带来的冲击和挑战以及农户参与市场的行为选择和影响因素等问题。

一、国外研究现状

在德国农产品产业链中，农户和中间商长期商业合作关系的维系主要是依靠沟通，通过有效沟通，合作伙伴之间能增进信息的透明度、建立互信，从而进一步增强双方之间的合作关系（Reynolds et al.，2009）。在非洲，低收入农村地区许多从事粮食种植的小农户被排除在市场之外，其主要原因是缺乏资金、基础设施不完善和缺乏适当的激励措施，所以政府要促进农户组织的建立、降低市场的交易成本、提高贫困农户获得技术和资本的能力（Barrett et al.，2008）。交易成本对农户进入市场具有显著的消极作用，降低进入市场的固定成本和变动成本将有助于农户对市场的参与（Alene，2008）。Holloway 等（2008）通过对埃塞俄比亚牛奶市场的研究，认为制度和产品创新并不足以激励农户对市场的参与，刺激农户参与市场的积极性需要加大投入，包括对人力资本的投入和降低市场风险的投入。Fafchamps 和 Hill（2005）调查了乌干达大量的咖啡种植户，发现当农户的产量很大或距离市场不远时，农户愿意将产品运到市场销售，如果没有公共交通，农户只能自己走去市场时，农户就很少愿意去市场销售，而宁愿将产品就地销售。超市供应链的发展给农户带来了更高的福利和稳定的收入，加入超市供应链的契约农户比没有获得超市采购合约的农户具有更高收入水平（Minten et al.，2005）。但是农产品流通渠道变迁给农户带来机遇的同时，也给农户生产经营带来了挑战。超市采购体系对小规模农户的生产形成了一定冲击，大型超市在生鲜果蔬采购时更加愿意与规模大、交通便利的果蔬种植户进行交易，超市生鲜采购体系对生产规模较大的农户更加有利，而离城市相对较远的、贫困的小规模农户则被排除在生鲜果蔬先进的供应链采购模式之外（FAO，2003）。Lapar 等（2003）研究了菲律宾家畜养殖户的市场行为，发现交易成本、劳动力的转移、资本的形成和债务都会影响农户参与市场和对流通渠道选择的决策。

新型农产品供应链的发展会给农户带来冲击和挑战，同时也会影响农户参与农产品供应链的意愿。

国外学者也对中国农户的行为进行了研究。Stringer 等（2009）的研究发现，在中国蔬菜供应链中，种植者的产量大小、种植者和加工者之间距离的远近、种植者和加工者合约的详细程度以及种植者是否拥有食品安全证书，这四个不同的供应链特征会产生不同的协调成本，从而影响种植者对流通渠道选择的决策。农户和采购者之间的个人关系和信任会降低蔬菜交易的交易成本，进而激发农户参与市场的热情，而农户的年龄、受教育程度、市场经验、与市场的距离、产品等级和土地的质量都会影响交易成本（Lu et al.，2008）。

二、国内研究现状

在中国，农产品流通体系变迁给农户生产经营带来了机遇和挑战。构成流通渠道各个节点的是参与流通并推动农产品由生产领域向消费领域转移的不同流通主体和参与者。对流通渠道节点上的组织特征、结构和契约关系等方面进行研究，在我国农产品流通体系研究中占有非常重要的地位，研究大多集中在订单农业、农民专业合作组织、农业产业化等方面。周立群和曹利群（2002）研究了农业产业化经营中的契约选择问题，指出商品契约足以保证龙头企业长期支配农户的土地和劳动力要素，从而达到与要素契约相同的效果。杨明洪（2002）从制度经济学的角度，研究了农业产业化经营的效率源泉是交易费用的节约和专业化效益的扩散，龙头企业应吸收农户入股或将股份合作制引入农业产业化经营之中，从而可以建立良好的合作机制。此外，相关研究还包括猪肉供应链合作伙伴之间的竞合关系（孙世民等，2009）、研究"公司+农户"模式下的主体决策行为（冯春等，2018）、对"公司+农户合作经济组织"模式进行机制设计（浦徐进等，2010）、探讨订单农业中龙头企业与农户的合作关系（杨慧和蔡文著，2013）、研究收购商不同的控制行为对农户投机行为和农户绩效的影响（田敏和夏春玉，2016）。

近年来，从农户视角对流通体系进行的研究开始逐渐增多。黄祖辉等（2008）认为，相对于最为传统的农户自行零售方式而言，以信息成本、谈判成本和执行成本为代表的交易成本对农户选择不同的契约方式有显著的影响。钟真和孔祥智（2013）认为，目前农户市场化意识和水平不高，导致农户生产经营行为在一定程度上无法预测。涂传清（2014）研究农户参与农产品流通中高附加价值活动的影响因素，认为农户的风险态度、种植规模、农产品销售状况、农户掌握的贮藏技术等众多因素都会影响农户介入流通增值活动。陈小琴和王钊（2017）认为，农户参加各种新型农民培训经历、农户信息获取途径是影响农户农产品销售渠道选择行为的主要因素。张聪颖和霍学喜（2017）从社区社会资本、社会网络、社会信任、社会参与、社会声望多维视角探究社会资本影响农户销售渠道选择的机理。李世杰等（2016）发现农民合作社对农户农产品流通渠道选择的影响力实际作用有限。

三、研究述评

从上述的国内外研究现状分析可以看出，农产品流通体系的设计和选择已经成为国内外学术界关注和研究的重要问题，但是国内外的研究大多集中体现在以下几个方面：①偏重于讨论农产品流通渠道的设计以及对参与流通渠道各个环节的组织形式进行分析，而且多数对农产品流通体系的研究，往往集中在中间组织、龙头企业或零售组织等方面，对于农产品流通源头——农户的市场化行为却没有给予足够的重视，现有农产品流通体系的相关研究大多将农户的选择作为一个默认的前提和假设条件，将研究的视角侧重于对农户流通环节之后的渠道进行考察。②从现有的从农户视角对我国农产品流通体系进行研究的文献来看，虽然研究方法和研究深度有很大的提高，但大多局限于研究交易成本对农户流通渠道选择的影响，尽管交易成本对流通渠道选择具有重要的作用，但是除了交易成本之外，农户所拥有的社会资本以及农户与收购商之间建立的信任和关系因素对于农户流通渠道的选择以及渠道的稳定性同样也发挥着重要的作用，现有的研究成果并没有给予足够的关注。③农户与组织化的市场主体之间所具有的契约是否稳定，如何能保持契约的稳定，这也是值得探讨的一个问题。而农户契约的稳定有助于农产品流通渠道的建构，以及在契约稳定基础上保持农产品流通的高效和顺畅，对于稳定农产品市场价格，提高农户的收入水平具有重要的作用，所以本书在现有文献研究的基础上，基于社会资本嵌入视角和交易成本理论探讨农户农产品流通渠道的选择以及农户契约的稳定性问题。本书的研究将拓展农户农产品流通渠道选择的理论体系，有助于全面认识和理解农户的销售行为以及农户在和龙头企业合作中契约能保持稳定的影响因素。

第二章 理论基础

第一节 流通理论及在农产品流通中的应用

一、流通经济理论

1. 马克思主义的流通思想

流通理论是马克思主义经济学的重要组成部分,马克思将流通置于整个经济运行的总过程中,通过剖析流通与生产过程、流通与社会再生产其他环节的相互关系,系统地研究和阐述了流通在社会和经济运行中产生和发展的历史过程,以及在整个社会和经济运行过程中的地位、作用和职能。

什么是流通?马克思说:"流通本身只是交换的一定要素,或者也是从总体上看的交换①。"马克思又说:"流通的一个基本含义是,它所流通的是交换价值(产品或劳动),而且是被注定成为价格的交换价值。因此,并非每种商品交换,如物物交换、实物献纳、封建徭役等,都能构成流通。流通首先必须具备两个条件:第一,以价格为前提的商品;第二,不是单个的交换行为,而是一连串的交换,一种交换总体,川流不息且或多或少地呈现于整个社会表面,即一种交换行为体系②。"所以,流通具有双重含义:一是以货币为媒介的商品交换,二是实物在空间上的流动和在时间上的延续。流通是商品交换发展的产物、是运动着的具有交换价值的物质在流动中寻找通道并得以实现的过程、是物质替换过程和价值补偿的实现过程。

在生产和再生产的过程中,生产对流通的决定作用主要表现在,生产是流通赖以进行的起点和基础,而且生产的规模和结构决定交换的广度和深度(马克思,1979)。当社会经济的综合水平发展到一定程度后,商品流通将成为商品生产运行的基础,流通产业将成为经济运行的先导产业。而流通费用的节省和流通时间的节约是流通效率提高的具体表现,也是商品流通发展和变革的内在逻辑。

---

① 马克思恩格斯选集(第2卷)[M].北京:人民出版社,1972:101.
② 马克思.政治经济学批判大纲(第1分册)[M].北京:人民出版社,1972:132.

2. 当代西方经济学对流通理论的研究

新制度经济学将市场与企业均视为一种制度，并将交易费用作为这两种制度相互替代的原因。因此，新制度经济学的核心理论就是交易费用理论（本书下一节将详细讨论交易费用理论）。交易费用理论研究社会交易过程，从制度安排的角度分析如何降低交易费用，从而增进社会福利，提高经济运行的效率。当然，这里的"交易"与我们理解的"流通"在含义上有很大差异，但一般的交换和流通也包含在新制度经济学的交易之中，而交易费用理论同样也能在一定程度上对流通过程及其制度安排做出解释（徐从才，2006）。

以杨小凯为代表的新兴古典经济学家将分工与专业化纳入经济学视野（杨小凯和张永生，2000），而与之相关的交换和流通也就成为其研究的一个重要内容，交换的产生、贸易的形成、批发与零售的分工、流通渠道的演化等流通经济学中的一些重要问题都被以规范的形式进行阐述，为流通领域的研究提供了新的分析工具和理论依据。

3. 国内学者对流通理论的研究

中国流通问题的研究是从以孙冶方、卓炯为代表的老一代经济学家对"无流通论"进行批判开始的，直至20世纪80年代以前，研究的主要内容都集中在流通过程概念的内涵和外延上。20世纪80年代以后，对流通问题的研究在不同维度上进行。第一个维度是根据商品经济发展的不同形态，将流通相对应地分为三个历史阶段：流通初始阶段、流通一般阶段和社会化大流通阶段，并根据中国商品经济的发展阶段重点分析流通一般阶段和社会化大流通阶段流通的构成要素、本质及特点等，目的是揭示流通中的经济规律，丰富和创新流通理论（陈文玲，1999）。第二个维度是随着中国经济体制改革的进程对流通体制进行研究。"有计划的商品经济"、"以市场调节为主、以计划调节为辅"、"国家调节市场、市场引导企业"、"社会主义市场经济"等是经济体制改革目标模式的转换过程，也是对流通研究不断深化的思路的转换过程。这一维度的研究内容集中在对流通体制改革的认识以及各个阶段流通体制改革的目标取向和改革思路等方面（罗必良，2003）。第三个维度是对流通经济运行中流通组织、流通渠道等问题的研究，它从要素运作和职能运行的角度揭示微观层面上的交易行为中存在的问题（刘星原，2004）。

在中国进入社会主义市场经济发展新的历史时期，对于流通的性质问题已经取得了共识，"流通先导论"（刘国光，1999）获得了广大学界和业界的认同，此后对于中国流通问题的研究则向纵深延展，目前流通领域的研究主要集中在流通渠道建设方面。

流通渠道是指某种货物或劳务从生产者向消费者移动时取得这种货物或劳务的所有权或帮助转移其所有权的所有企业和个人（彭晖，2010），流通渠道连接生产和消费，是商品实体运动的载体，其构成包括三要素：其一为流通渠道的参与者，即渠道主体；其二为流通的组织形式，即流通渠道的结构；其三为流通的方向和路线，即商品的流向问题。上述三要素的构成不同，导致了流通渠道的差异。而不同类型的产品所形成的流通渠道具有不同的特点，这就形成了针对不同产品的流通渠道进行研究的文献，如针对快销品（高磊和李倩，2017）、药品（孙飞和白海琦，2017）等的研究，当然，针对农产品流通渠道进行研究的成果占了较大的比例（下文将专门讨论该领域的研究成果）。

二、流通经济理论在农产品流通中的应用

农产品流通研究的演进轨迹与我国流通经济理论的发展沿革是类似的，在中国实施改革开放的过程中，从农产品流通市场化改革的合理性开始，到如何实施农产品流通的市场化改革，到目前针对农产品流通渠道设计中的具体问题进行深入的研究。研究由浅入深，层层递进。

我国农产品流通渠道从初期的农户—农产品收购企业—批发企业—消费者的简单模式发展到现在多元化的流通渠道。在农产品流通渠道的演化发展过程中，现有的流通渠道运行中存在的问题不断地暴露，显示出现有流通渠道的不足和缺陷，于是新的流通渠道在克服了旧流通渠道缺陷基础上开始出现。学者们就针对农产品的不同渠道、不同的渠道主体以及农产品的种类特点或区域特点对流通渠道进行了设计和研究，如韩喜艳等认为，要构建全产业链模式以提高农产品流通效率，提高农产品参与主体的利益和消费者福利（韩喜艳等，2019）。马晨和王东阳提出，促进农产品流通体系转型升级需要依靠新零售时代电子商务的推动（马晨和王东阳，2019）。赵大伟等认为，随着大数据和互联网技术的广泛应用，农产品流通产业将进入跨界融合阶段（赵大伟等，2019）。

杨宜苗和肖庆功则比较了不同流通渠道下农产品的流通成本和效率，研究发现不同的流通渠道下会产生不同的流通成本，导致流通效率的差异，继而流通主体的获益能力也具有差别（杨宜苗和肖庆功，2011）。王秀杰研究了以批发市场为主导的蔬菜流通渠道创新，发现批发市场在尝试从生产到零售的纵向一体化经营模式，承担流通服务商和流通主体的双重职能（王秀杰，2015）。卢奇等分析了我国特色农产品流通渠道的特征，提出了推行"少环节、信息共享、供需对接、产销衔接"的"农消对接"特色农产品流通方式（卢奇等，2017）。

此外，研究农产品渠道构建中的物流问题也是重要的研究议题之一，黄福华等认为，生鲜农产品物流的政府规制是实现生鲜农产品物流降本增效的重要影响因素（黄福华等，2018）。姚源果和贺盛瑜认为，降低农产品冷链物流的成本需要考虑实时路况和接驳点的合理设置（姚源果和贺胜瑜，2019）。

从上述文献可以看出，虽然随着中国市场化改革进程的深入，有关农产品流通和流通渠道设计领域的研究也逐步深入，涌现出众多的研究成果，但是，多数研究局限于对农产品流通渠道整体进行研究，而没有对渠道中某一环节参与者行为进行具体分析，针对农户市场行为的研究不足，特别是利用不同理论分析工具进行综合分析的研究更为欠缺。农户作为农产品流通渠道中的一个重要组成主体，其市场化行为对于流通渠道的形成具有重要的促进作用，而利用交易成本理论和社会资本理论综合分析农户的市场化行为和其面临不同流通渠道选择时的选择依据就显得尤为重要，而现有的研究成果在此问题的研究上则存在薄弱之处。

第二节 交易成本理论及在农户研究中的应用

一、交易成本理论

Coase 和 Williamson 创立和发展了交易成本概念，以两者为代表的新制度经济学将市场与企业视为一种制度，Coase（1937）在研究企业与市场的关系时引入了交易成本的概念，以此说明交易成本是利用市场机制所产生的费用，并将交易成本作为这两种制度相互替代的原因。因此，新制度经济学的核心理论就是交易成本理论。此后，Williamson 进一步发展了交易成本的概念。交易成本理论研究社会交易过程，从制度安排的角度分析如何降低交易成本，从而增进社会福利，提高经济运行的效率，从而使交易成本理论得到了广泛的应用。

Williamson（1975）在研究交易成本概念时定义了交易成本的三个主要特征：来自于资产专用性的投资、收益的不确定性和重复交易的可能性，认为不同的交易类型会产生不同的成本，各有利弊，所以交易者会采用交易成本最低的方式进行交易。但是在考虑交易成本时，有两个前提假设，即基于有限理性和机会主义倾向的假设。有限理性概念来自 Simon 对人行为的研究，在有限理性的情况下，决策者无法也无力处理所有的信息（Simon，1961）。Williamson 则认为有限理性的产生有两个原因。他认为理性是一种稀缺资源，另外语言和文字在信息传播过程中不是一类完美的工具。个体在收集信息时遵循的原则是，只有在所获信息的收益大于成本时，才对信息进行收集。由于个体存在个人能力方面差异，信息在获取、存储、恢复和加工过程中很难不出现错误。

交易者在追求自利的过程中表现出机会主义倾向，机会主义倾向主要是指背信弃义的自利行为，涉及撒谎、偷窃和欺骗行为（Williamson，1985），所以机会主义行为一般会通过有意识地误导或扭曲信息的方式来达到目的。当交易一方存在资产专用性投资或交易不确定性较高的时候，机会主义倾向就会增加（Nooteboom，1992；

Rindfl, 1997)。交易的达成需要经过交易前、交易中和交易后三个过程，在这三个过程中，需要对交易对象进行搜寻、对交易价格等交易条件进行谈判以及在交易后进行履约，由此会发生信息搜寻成本、谈判成本和履约成本，交易的目的是最终实现成本最小化的交换。

二、交易成本理论在农户研究中的应用

交易成本理论被广泛应用于农产品流通领域的研究。交易成本对农户进入市场进行农产品流通渠道的选择会产生影响，这一结论已经取得了一定程度的共识，不论通过何种形式进入市场均受到交易成本的制约，农户通过交易成本的计算来确定一个成本较低的方式进行交易。在交易发生前，农户需要收集、分析和理解交易机会，掌握市场信息，与先前的交易对手保持联系，并结识更多的交易对手，通过广泛的信息收集，寻找到更为合适的交易对象，由此农户需要付出信息成本、交通成本、时间成本以及精力等，统称为搜寻成本。在搜寻到合适的交易对手后，农户需要与交易对手进行交易条件的交涉，并达成交易，从而完成农产品所有权的转移，实现农业生产的价值补偿，实际达成交易条件并形成合约所需花费的成本即为谈判成本。交易达成后直至履约阶段，农户需要对农产品进行实物交割并结算资金，同时可能会发生检测费用、物流费用和库存费用等，即为履约成本。生产农产品的类型不同、农户规模大小不同、农户进入市场的方式不同，其交易成本均具有不同的特点。

在针对发达国家的研究中，由于发达国家农业产业的规模化发展模式，农户较少采取直接在市场进行现货现价销售的方式，多通过契约或是合作社的方式进行产品的销售，但是农户也同样面临着交易成本的约束。交易成本是美国生鲜蔬菜种植农户进行合约选择的重要因素，特别是认证的需要或是第三方监督的需要对于农户合约选择具有显著的负向影响，买方与种植户能达成契约是基于种植户能提供一个好的价格、提升质量标准，从而降低第三方监管成本的考虑（Vassalos et al.，2016）。养殖户在面对不同所有者结构的屠宰场选择时，是选择农户控制的生意（Farmer-controlled Business）还是选择投资者控制的企业（Investor-owned Firm），农户会对交易成本进行考量，农户预期的交易成本确实会对农户的选择产生影响，农户倾向于选择较低交易成本的屠宰场进行交易（Hess et al.，2013），虽然成交价格是农户对与合作社合作是否满意的重要影响因素，但农户预期的交易成本则比成交价格更重要，对农户是否选择合作社更具有决定作用（Espallardo et al.，2013）。在发展中国家也存在着同样的情形，交易成本会影响土耳其的榛果种植户种植规模（Demir, 2007），当地的基础设施水平、非正式金融的可得性、教育年限等作为交易成本的衡量指标则成为影响菲律宾稻米种植户是否参与市场以及参与程度的变量。基

础设施完善能降低农户进入市场的难度，非正式融资的可得性高能降低通过正规融资渠道无法获得资金的难度，而人力资本则可以显著降低信息获取的成本（Cuevas & Clarete, 2015）。南非的肉牛养殖户在面对直接卖给买者、卖给投机商或是通过拍卖的方式进行销售的选择时，同样受到交易成本的影响。在淡季时，由于信息成本，农户在面临市场不确定性时，不愿意采用拍卖的方式。而农户卖给投机商时则存在较低谈判能力的挑战，卖给单个的经营者是畜类销售的最简单形式（Ndoro et al., 2015）。莫桑比克种植粮食和经济作物的农户采取了不同流通渠道，不同的农产品虽然面临的交易成本约束条件不同，农户种植产品是多元的，采取的价值链结构也多样化，不过有些产品的流通具有一些共同点，如大豆、葵花籽和芝麻种植户都适合采用关系契约或是正式契约的方式（Leonardo, 2015）。

国内学者的研究也得出了大同小异的结论。直接面向市场的农户需要更多地了解市场行情，联络下游购买者，所以具有较高的信息成本。而不同种植规模农户的谈判成本存在明显差异，履约成本对于小规模种植农户的影响较大，种植规模的差异，会造成农户交易成本的差异从而影响农户对垂直协助模式的选择（姚文和祁春节，2011）。农户对信息的掌握、农户与中间商合作时中间商报价的合理性以及农户到市场的距离均会影响农户是自行销售农产品还是通过中间商销售农产品的选择（宋金田和祁春节，2011）。价格波幅、信息获取难易、运输成本、交易对手的机会主义倾向等因素影响农户选择现货交易或是垂直协作交易（蔡荣和韩洪云，2011）。所以农户在选择销售渠道时，信息成本是农户要面对的强约束，执行成本也有显著的影响（侯建昀和霍学喜，2013）。除了种植农户存在交易成本的约束以外，养殖农户也存在同样的情况，信息成本对养猪户有较强的约束，谈判成本对不同的垂直协作方式的影响有差异，而执行成本对大规模养殖户的影响较大（应瑞瑶和王瑜，2009）。所以，不论是对种植户还是对养殖户，交易成本都会影响农户销售渠道的选择。

上述国内外文献都基于交易成本对农户的销售行为或是农户的纵向协作关系进行了分析，从中可以看出，这些研究虽然涉及不同国家，涉及从事不同类型生产的农户，研究方法也各异，不过都得出了大同小异的研究结论，即交易成本对农户流通渠道选择具有影响，农户基于预期交易成本的大小，来确定农产品到底是通过市价自行销售，还是基于合作社中介抑或通过契约方式销售给加工商或流通中间商。

在对农户的行为进行上述交易成本分析的基础上，引出一个问题，即农户如何来判断流通渠道交易成本的大小呢？虽然有些交易成本可以通过客观的分析来评定，如通过农户与销售地之间的距离远近可以判断履约成本的高低，但是仍然有大量交易成本的计算没有客观标准，农户又如何做出判断呢？本书认为农户所拥有的社会资本同样可以作用于农户的流通渠道选择，社会资本与交易成本的影响因素共同作用于农户，从而对农户的流通渠道选择产生影响。

第三节　社会资本理论及在农户研究中的应用

一、社会资本理论

1. 社会资本概念溯源

自20世纪70年代以来，社会资本成为一个时髦的词汇，特别是在布迪厄、科尔曼和普特南在社会学和政治学领域的文献发表以来，掀起了一股社会资本的研究热，广泛应用于社会学、经济学、管理学等领域，对于全面认识和研究有关社会问题具有重要的价值。社会资本的概念在宏观领域被用来解释国家治理、民主政治、经济发展等问题，在微观领域被用来分析企业、社区和族群的变迁和兴衰等问题。而社会资本的概念最早可以追溯到亚当·斯密时期。虽然社会资本一词在20世纪才被认为具有规范、合作网络、互惠和信任等含义，但是信任、协作和互惠有助于社会财富增长的观念却在经济和社会研究领域具有悠久的历史。

尽管亚当·斯密并没有使用社会资本一词，但是其在国富论中分析了分工和专业化的重要性（斯密，2007），发现网络关系和商业协作是信任传递的主要渠道，可以看出在其论著中已经具备了社会资本概念的雏形，可以被认为是社会资本理念的鼻祖。社会资本研究领域内的学者多数认同第一个提出并明确使用接近现代意义上的这个术语的学者是莱达·哈尼凡，其对社会资本的定义为，人们生活中存在的友善、互助、相互同情和个人与家庭之间的社会交往（Hanifan，1916），但是真正将现代社会资本理论框架系统引入研究领域的当属布迪厄（Pierre Bourdieu）、科尔曼（James S. Coleman）和帕特南（Robert D. Putnam）。此后福山（Fukuyama）、林南（Nan Lin）等在此基础上进一步发展了社会资本理论。学者们提供了很多社会资本的定义，虽然广义来说，这些定义具有相似性，但还是有一些差异。下文分析有关社会资本概念的典型观点。

（1）布迪厄：社会关系网络理论。尽管前人对社会资本的研究已经或多或少地展开，但是多数研究还是认可法国社会学家布迪厄为社会资本理论的第一个系统阐述者（波特斯，2000）。布迪厄在马克思有关资本理论的基础上，提出了经济资本、文化资本和社会资本都是资本形式，可以影响个人的生活机会和社区文化实践的功能。马克思强调经济资本，而布迪厄则强调文化资本和社会资本的重要性，认为社会资本是实际或潜在资源的集合，将拥有或多或少的制度化了的相互认知和认识的持续关系网络联系在一起（Bourdieu，1986）。依据布迪厄的理论，社会资本具有关系网络的特征，且以相互认识和认知为基础，由此可以推断社会资本的多少取决于网络关系的大小，而社会资本如果能被拥有者充分利用、发挥作用，则能创造价值，使成员或组织受益。

（2）科尔曼：社会结构理论。美国社会学家科尔曼以人力资本理论为起点，从功能上定义社会资本，强调在家庭或社区的社会结构中行动者的行为。社会资本的功能由构成社会结构的各种要素组成，不论是对个人行动者还是对集体行动者而言，可以为该结构中行动者的某些行动提供便利（Coleman，1988）。科尔曼的社会资本概念根植于理性选择理论，假设个人的选择来源于自利的动机，人与人之间存在着有利于行动的关系。每个人会面对三种资源：物质资本、人力资本和社会资本。物质资本是有形的，嵌入有形的实物形态中，即表现为工具、机器等生产设备；人力资本是无形的，嵌入于个体所具有的技能和知识中，而社会资本也是无形的，存在于人与人之间的关系中。尽管资本形式不同，但是都具有资本的生产性。通过改造物质材料，制造便利生产的工具，可以生产物质资本，通过提升生产者的生产和学习的技能来创造人力资本，社会资本则通过人与人的关系，通过社会关系的投资实现社会资本的增加和积累。拥有资本有利于目标的实现，如果缺乏资本，则目标的实现具有一定的困难。所以科尔曼强调社会资本中关系的重要性。

（3）帕特南：信任、规范和网络理论。美国政治学家帕特南用社会资本概念来描述如信任、规范和网络等社会组织所具有的特征，这类特征有助于通过协调行动以追求共同的目标来提高社会的效率。人与人之间的关系无论是对于个人、团体还是对于整个社区的发展都具有价值和潜在的价值（Putnam，1993）。帕特南区分了跨越型社会资本（Bridging Social Capital）和整合型社会资本（Bonding Social Capital），跨越型社会资本倾向于将不同社会群体的人们联系起来，有利于连接群体外部的资本和信息的扩散，整合型社会资本倾向于强化个体的专用性，保持同一性，有利于加强特定的互惠行为，保持群体内的忠诚度、强化群体的特征；此外，互惠、规范和网络具有相互加强的作用，社会信任是关键，互惠能有效遏制机会主义的行为，社会网络关系的扩大也将增加社会信任水平。帕特南在前人研究的基础上，将社会资本的概念进一步向前推进，确定社会资本所具有的信任、规范和网络特征，将社会资本看成社会良好运转的前提条件。

2. 社会资本研究的深入

（1）国外社会资本领域研究。由上述三位学者发展起来的社会资本概念，此后得到了广泛的应用和发展，很多学者加入了该研究领域，并取得了有价值的研究成果。

福山（Fukuyama）认为，社会资本是个体在社会结构中为共同目标工作的能力，重要特征是普遍信任和社会规范。在一个高信任度的国家里，经济运行的成本将大大降低，能有效弥补正式制度的不足，为经济繁荣提供条件，在低社会资本的国家中，信任只限于家庭、家族范围，无法扩大到家庭以外的范围，即无法产生社会信任，这样就导致经济效率无法有效提高（Fukuyama，2001）。

伯特（Ronald S. Burt）提出结构洞理论。结构洞是指两个关系人之间非重复的关系，社会资本就是个人在一种社会结构中利用自身位置获取利益的能力，反映行动者能通过社会网络结构获得其他信息和资源的程度。正是因为结构洞存在，网络中的行动者不仅有更大的机会获取非重复资源，而且可以通过结构洞连接的节点控制资源流动，所以彼此存在结构洞的两个关系人对网络贡献的利益是可累加的，其网络结构受到网络等级、网络密度和网络规模的影响（伯特，2011）。

Nahapiet 和 Ghoshal 指出，社会资本是可以通过个人或社会单元所拥有的网络关系获得的实际和潜在资源总和，包括成员在组织内部所拥有的社会网络资源、通过关系网络获得的资源以及来自关系网络的实际或潜在资源的综合，其具有三个重要的分析维度：结构维度、认知维度和关系维度（Nahapiet & Ghoshal，1998）。该理论针对社会资本三个维度的分析在社会资本研究领域产生了重要的影响，成为许多学者研究的理论基础，延伸出众多的研究文献。

波茨（Aleinandro Portes）认为，社会资本是个体通过成员身份在网络中或是广泛的社会结构中获取资源的能力，且获取资源的能力不是个人所固有的，而是在个人与他人联系中所生产的一种资产（Portes，1998）。社会资本是个体嵌入的结果，包含的特征为互惠和信任。双方互惠的预期建立在双方关系获得对方认可的预期基础上，当行动的双方嵌入一个更大的网络时，信任就会随着双方相互预期的增强而增强。所以，社会资本是过程、自我与社会结构之间因果互惠的能动结果。

林南提出社会资本的社会资源理论，其认为社会资本是具有可预期回报的社会关系中嵌入资源的投资和使用，具有的特征是资源和连接（Lin，2000）。社会资本具有三个要素：嵌入一种社会关系中的资源、个人在该种结构中获取社会资源的能力以及通过有目的的行动运用和动员的社会资源。依据林南的理论，可以发现社会资本包括三个过程：社会资本的投资、社会资本的获取和动员以及社会资本的回报。林南的理论无论是从概念的表述还是从指标测量和理论构建都极大丰富了社会资本的理论体系。

以上是国外社会资本研究领域最具代表性的观点，在上述这些学者研究的基础上，还有不少学者对该领域做出过贡献，代表性的社会资本定义汇总如表 2-1 所示。

表 2-1　具有代表性的社会资本定义

作者	社会资本定义和观点	特征
Bourdieu（1986）	实际或潜在资源的集合，将拥有或多或少的制度化的相互认知和认识的持续关系网络联系在一起	关系网络

续表

作者	社会资本定义和观点	特征
Coleman（1988）	由构成社会结构的各种要素组成，不论是对个人行动者还是对集体行动者而言，可以为该结构中行动者的某些行动提供便利	关系、网络和规范
Putnam（1993）	社会组织具有的特征：规范、信任和网络，有助于通过协调行动提高社会效率	网络、信任和规范
Fukuyama（2001）	个体在社会结构中为共同目标工作的能力	社会规范和普遍信任
Burt（2001）	个人在一种社会结构中利用自身的位置获取利益的能力	结构洞
Nahapiet 和 Ghoshal（1998）	可以通过个人或社会单元所拥有的网络关系获得的实际和潜在资源总和	结构、关系和认知
Portes（1998）	个体通过成员身份在网络中或是宽泛的社会结构中获取资源的能力	互惠和信任
Lin（2000）	具有可预期回报社会关系中嵌入资源的投资和使用	资源和连接
Ostrom（2000）	群组中个人间互动模式涉及的共享知识、理解、规范、规则和预期，该种模式被利用来完成经常性活动	共享规范、规则体系
Woolcock（2001）	有助于人们采取集体行动的规范和网络	资源、合作
Bowles 和 Gintis（2002）	信任、关心他人，愿意按照社会规范生活	信任、规范和社区
Sobel（2002）	个人可以利用群体和网络中的成员资格来获取利益	信任和网络
Adler（2002）	从行动者社会关系的结构和内容发展而来的给个人或团体带来的好处	内部和外部社会资本
Durlauf 和 Fafchamps（2005）	在群组成员中产生正的外部性，可以获得基于社会网络的共享信任、规范和价值，从而对预期和行为产生效应	信任、规范和网络
Groot、Brink 和 Praag（2007）	有助于集体行动的规范和网络	规范、网络

资料来源：笔者汇总整理。

由上述学者的研究文献可以看出，不同学者从不同视角进行研究，从而对社会资本给出了多种不同的定义。可以发现很多学者分别或者同时使用了 Burt 和 Coleman 的定义作为其社会资本研究的基础。虽然 Burt 的结构洞社会资本理论建立在弱连接和开放网络的基础上，而 Coleman 的社会资本理论是基于强连接和封闭网络进行的分析，两者的观点具有分歧，但是学者们似乎愿意将两者的理论作为互补的观点，从而综合地应用于此后的研究中，也有不少文献同时综合了内部和外部社会资本的概念,并同时从个人和集体的视角来定义社会资本(Payne et al.,2001)。多数学者认同社会资本代表了个人或集体通过社会结构或网络关系而获得的资源。尽管学者们在表述时采取了不同的表达方式,但是多数学者还是认同社会资本所具有的某些共性特征。

上述文献由于研究领域不同、研究的对象不同、研究的层次不同,在对社会资本进行界定时具有不同的标准,在对社会资本进行衡量时也各具特色。有关社会资本的概念至今还没有达成共识,由此导致了测量的混乱,这在某种程度上阻碍了这一研究的发展,并减低了社会资本理论的解释力(张文宏,2011)。不过,依笔者之见,不同社会资本概念的解释和解读方式之间存在着紧密的内在联系,虽然不同的理论学家在分析和阐述社会资本概念时,采取了不同的描述方式和不同的表现形式,分析其特征时也呈现多元化倾向,但是综合起来各种概念都包含了关系型资源的内涵,因为各类经济主体存在社会资本的嵌入,所以社会资本才具有互动性、共享性和资本属性的特征。正是社会资本目前的研究状况,决定了社会资本理论所具有的强大魅力以及该研究领域所具有的无限可能性,说明该领域还存在需要进一步深入探讨的问题。

(2)中国有关社会资本的研究。在前述学者建立的社会资本基本概念和研究范式的基础上,社会资本研究延伸到经济管理学领域,并取得了丰富的研究成果。学者根据研究目的采用某一代表性的社会资本定义,利用丰富的数据进行实证研究,分析政治、经济、文化等领域中社会资本的测量或作用。

综观中国学者对社会资本的研究,从中国知网数据库中查找到的数据可以看到,最早研究社会资本的文献可以追溯到1995年的李路路所撰写的《社会资本与私营企业家——中国社会结构转型的特殊动力》,其对社会资本定义为社会网络关系。大量的相关研究出现在2006年以后,且一直保持着较为稳定的发文数量(见表2-2)。但是概念界定的不统一、分析层次的不同与测量方法的差异造成社会资本研究中存在纷争。国内对社会资本的界定中部分学者认同"社会网络关系"的特征。如边燕杰和邱海雄(2000)、郭毅等(2007)。社会资本的存在形式是社会行动者之间的关系网络,本质是这种关系网络所蕴含的、在社会行动者之间可转移的资源,任何行动者都不能单方面拥有这种资源,必须通过关系网络发展、积累和运用这种资源。但是也有学者不认同该定义,如刘林平(2006)认为社会网络不等于社会资本,社会网络是社会资源而不直接就是社会资本,社会资本蕴含在关系网络之中,表现为通过关系网络借用资源的能力,所以社会资本是可以动用的、用来投资的社会网络。

所以,针对社会资本的研究仍然处于发展完善阶段,还有很多研究问题和研究领域有待于进一步深入分析和探讨,特别是深入分析社会资本在社会经济生活中的的作用机制,将有助于推进社会资本理论体系的完善和社会资本作用的充分发挥。

表 2-2 中国知网数据库收录的 1995~2018 年核心期刊发表文献统计①

单位：篇

年份	1995	1996	1997	1998	1999	2000	2001	2002	2003	2004	2005	2006	2007
数量	1	0	0	1	0	3	7	18	31	45	54	96	131
年份	2008	2009	2010	2011	2012	2013	2014	2015	2016	2017	2018	合计	
数量	144	132	136	149	164	147	135	160	135	167	149	2005	

资料来源：笔者根据中国期刊全文数据库信息统计。

在表 2-2 所统计的文献中，一部分为阐述综述性研究，另一部分为建立概念模型、通过数理模型进行分析的文献。但在经济管理研究领域，计量实证性研究占据了较大的比例，表 2-3 汇总了部分相关的实证分析文献。

表 2-3 社会资本在经济管理实证研究中的部分中文文献

	作者	社会资本衡量方法	主要观点
企业研究	罗党论和唐清泉（2009）	企业的政治参与	具有社会资本的企业更易进入政府管制行业、更易获得政府补贴
	高凤莲和王志强（2016）	独董的横向、纵向和其他社会声誉	独立董事个人社会资本越高，高管薪酬与兼任公司绩效的敏感性越强
	沈灏（2017）	管理者的商业关系和政治关系	商业关系对企业战略变化速度具有积极影响，政治关系对国有企业有显著影响
	姚铮和顾慧莹（2019）	桥接型网络结构、结合型网络结构	创始人桥接型网络结构比结合型网络结构更有助于企业吸引风险投资
三农	童馨乐和褚保金等（2011）	政治关系、合作社与金融机构、亲戚和邻里关系	政治关系和邻里关系对农户有效借贷机会具有显著影响，农民专业合作和正规金融机构关系对农户有效借贷机会与实际借贷额度具有显著影响
	周晔馨（2012）	村级和家庭的信任、网络和规范指标	社会资本是拉大农户收入差距的因素
	王春超和周先波（2013）	整合型和跨越型社会资本	整合型和跨越型社会资本对农民工收入具有显著的正向影响，且两者对农民工收入的提升效应相近
	蔡起华和朱玉春（2016）	认知和结构型社会资本	社会资本能显著地减弱收入差距对农户参与村庄集体行动程度的消极影响

① 用"社会资本"为检索词，搜索篇名含有该检索词的核心期刊文献，并剔除了虽然符合检索词的要求，但不具有本书所讨论的"社会资本"概念的文献。如针对投资领域中 PPP 的研究，虽然含有社会资本的检索词，但是并不属于本书所研究的社会资本的概念范畴。

续表

	作者	社会资本衡量方法	主要观点
服务业	文志林和王淼（2014）	外部社会资本：人际关系、信息、商业活动参与、社会公共关系参与	在华管理咨询公司的社会资本、道德资本对客户稳定关系维护有正影响；道德资本对社会资本有正影响；道德资本对社会资本与企业客户稳定关系有调节效应
	王亚楠和胡雪艳（2016）	政治社会资本、纵向和横向社会资本	小微文创企业政治社会资本对创新具有显著正向作用，企业间的横向和纵向社会资本促进了企业的创新绩效
	彭晖等（2018）	社会网络、规范和信任	社会资本对零售企业绩效具有正向直接作用
公共管理议题	周广肃等（2014）	结构和认知社会资本	社会资本通过其促进民间借贷和亲友间转移支付的作用，以及其对医疗资源获取和保健行为的正向作用，缓解了收入差距对人们健康的损害
	龙翠红和易承志（2016）	社会信任、参与网络、互惠规范	农村居民参与网络和互惠规范与医疗保险参保行为显著正相关，社会信任程度与医疗保险参保行为没有显著的相关性
	申云和贾晋（2016）	血缘、族缘关系为传统社会资本，工作关系网络为现代社会资本	社会资本主要通过社会资本变迁和社会阶层差异两个方面的传导机制来减缓收入差距对居民幸福感的不利影响

资料来源：该表由笔者汇总整理，只列出了有限数量的文献，有关的文献远不止表中所列。

由上述文献可以发现，在国内的研究中，社会资本也被广泛应用到各类研究领域，从企业的微观研究、产业研究到公共治理问题研究，已经形成了丰富的文献和议题，但是对于社会资本的定义和衡量仍然具有多元性，虽然多数学者认为社会资本包含组织内的横向、纵向联系以及组织外部的各种联系，但在具体应用场景和研究领域里仍然具有差异性。这也决定了本书的研究需要在不同的社会资本研究范式和定义中选取最合适的概念和定义进行。

二、社会资本理论在农户研究中的应用

社会资本理论在农户研究中的应用主要集中在农户的社会资本特征、社会资本对农户收入的影响、社会资本对农户信贷和融资行为的影响、社会资本对农户其他经济行为的影响等方面。

1. 农户的社会资本特征

在农户的社会资本特征方面，Gómez-Limón 等（2014）分析了西班牙农户的社会资本特征，确定了农户的结构、关系和认知社会资本，建立了农户层次的社会资本指数。赵雪雁等（2012）解析了影响农户社会资本特征的因素。刘倩（2018）依据

农户结构性和关系性的社会资本特征,提出了农户社会资本测量理论并设计了适合中国村庄环境特点的农户社会资本测度。上述文献基本上都是基于社会资本的定义,设计了农户社会资本的衡量指标,通过因子分析方法,计算社会资本得分,并进一步分析社会资本的影响因素。

2. 社会资本对农户收入的影响

在社会资本对农户收入的影响研究中,Wolz 等(2006)针对波兰农户的研究发现,社会资本对于农户农业收入的增加具有额外的贡献,社会资本是决定农业收入水平的显著因素。刘俊文和陈宝峰(2015)选择5个维度测量社会资本,发现社会资本越大,农户越不容易处于贫困状态。谢家智和王文涛(2016)则将农户的社会资本区分为地域型社会资本和脱域型社会资本,且发现地域型社会资本并没有显著影响农户收入差距,而脱域型社会资本更有利于农户收入增加,刺激了农户收入差距的扩大。关爱萍和李静宜(2017)发现农户家庭社会资本对收入具有明显的门槛效应,高于门槛值的家庭社会资本对农户收入具有正向影响作用。刘雯(2018)认为当前社会资本可以缓解城乡收入差距。陆迁等(2019)认为社会资本对收入多样化具有显著的正向影响,对贫困脆弱性有显著负向影响。

从上述文献可以看出,社会资本对农户收入增长确实具有正向影响作用,但是社会资本的不同维度对农户减贫的作用机理不同,而且社会资本具有一定的阈值,社会资本的积累只有高于某一阈值时,对农户收入增长才具有积极作用。

3. 社会资本对农户信贷和融资行为的影响

在农户的社会资本对信贷和融资行为的影响研究中,Gustafson(2005)分析了农户在面临现金流和社会资本约束时,其借贷行为面临的金融风险。社会资本是能在未来带来回报的一种资本,也是在保险市场不完善的情况下一种回避风险的方式,所以社会资本有助于农户的融资行为。但是,农户社会资本的异质性会对其融资行为产生不同的影响,梁爽等(2014)发现,不发达地区的农户,其社会资本对其融资能力的影响要高于其他发达地区。李庆海等(2016)区分了农户获得贷款中存在的主观和客观门槛,认为社会资本有助于农户跨越融资的主观和客观门槛。王性玉等(2016)认为,社会资本的确能够有效缓解农户所受到的信贷配给约束。陈熹(2016)认为,强关系比弱关系更容易形成牢固和长期的借贷关系并带来更多的借贷资金。徐丽鹤和袁燕(2017)发现,穷人没有额外的资本用以扩展社会网络,进而降低了进入民间借贷市场的可能。李爱喜等(2017)发现,发挥社会资本在农贷市场的作用,可提高农户的信贷可获得性,增强金融机构为农户提供信贷的意愿和能力。李庆海等(2018)发现,正式社会资本对农户信贷违约具有显著抑制作用,而非正式社会资本具有显著激励作用。王建浩等(2019)认为,内在政治社会资本显著正向影响非正规金融借贷而不影响正规金融借贷,外延政治社会资本显著正向影响正规金融借贷而不影响非正规金融借贷。

综上所述，社会资本有助于农户的融资行为，但是由于农户所具有的社会资本水平不同，在获得融资时所需要支付的利率、获得正规信贷的能力以及所获信贷的形式等方面都具有差异，总体来说，农户社会资本水平越高越有利于其获得信贷配给。

4. 社会资本对农户其他经济行为的影响

社会资本对农户其他经济行为的影响研究方面，Sharp 和 Smith（2003）研究了城乡之间农户与非农户之间的互动关系，认为农户对非农户的信任以及农户与非农户之间互动的频繁程度决定了社会关系是否影响非农户对农业的支持，当非农户与农户之间存在社会资本联系时，非农户对农业的支持和认同感是增强的，所以农户在农业运行和社区发展方面需要增强社会资本的作用。Robison 等（2002）研究了社会资本与农地流转中的问题，认为当交易双方都能从交易中获益时，社会资本能增加交易的收益。农户在面对朋友、邻居进行土地流转时会提供一个具有折扣的价格。李冰冰和王曙光（2013）认为，社会资本对于农户在乡村公共品提供中的参与程度具有积极作用。

社会资本对农业产业化发展的作用研究中，Wuepper 和 Sauer（2016）分析了加纳农户社会资本对农户契约绩效的影响，社会资本通过社会支持提高农户的能力，所以可以通过提高农户的社会资本能力来强化政策执行的有效性，保证政策能从农户社会资本增强中获得收益。徐忠爱（2008）认为，社会资本嵌入，可以加强涉农企业与农户双方的信任关系，也可以弥补公司和农户契约履行机制不稳定、合作关系容易破裂的不足。

虽然上述文献从不同角度分析了农户社会资本对其经济行为的影响，但基本研究结论都认同社会资本对于农户的经济行为具有正向的积极影响，社会资本越多的农户参与经济活动的能力就越强，获得融资的可能性就越高，收入水平就越高，参与公共活动的积极性也越高，所以社会资本对于农户来说具有积极的意义。但是，从上述文献来看，社会资本对农户参与农业产业化影响的研究仍然很欠缺，收集到的文献中，Wuepper 和 Sauer 的研究主要针对加纳地区特定的殖民历史背景，认为基督教的教会学校是加纳地区社会资本的最好来源，对于加纳农户的契约绩效有直接的影响，故而该研究具有一定的特殊性。而徐忠爱的研究则是基于理论分析的框架，缺乏经验研究的支撑。所以在农户参与农业产业化进程中的行为选择，即农户在农产品流通中的行为模式研究中，基于社会资本视角开展的研究目前来看还是比较欠缺的，缺乏足够的理论和经验研究证据来对农户参与农产品流通中的行为进行指导。

本章通过对交易成本理论和社会资本理论以及其在农户研究中的应用进行了文献综述，发现交易成本理论在针对农产品流通渠道选择的文献中已经比较丰富了，众多的学者针对不同的国家、不同种类农产品的流通进行了深入的分析,已经形成了较为一致的观点,即交易成本会影响农户农产品流通渠道的选择。但是基于社会资本理论针对农户农产品流通渠道选择所进行的研究目前还比较欠缺,特别是在社会资本和交易成本的框架内,将农户流通渠道选择的影响因素利用上述两种理论嵌入进行的研究更不多见。所以,本书将基于现有研究文献进一步分析农户在面临不同流通渠道选择时交易成本以及社会资本对其选择产生的影响,该研究对于加快农业产业化的进程,提高农户生产和流通的组织化程度具有积极的意义。

第三章 农户及农产品流通渠道的历史演进

第一节 中国农户的特征分析

一、农户行为理论分析

作为农业生产基本单元的农户,一直是农业经济领域研究的重点,也是全面认识农业、农村和农民问题的节点,是理解和分析社会变迁和小农经济发展的一个突破口。伴随着中国农业产业化的蓬勃发展,针对农户行为的理论研究显得尤为重要,是把握当前农业发展形势的现实需求。

在学术界,有关农户行为研究的理论包括三种思潮:苏联经济学家恰亚诺夫的生存小农理论、舒尔茨的理性小农理论和黄宗智的商品化小农理论(翁贞林,2008)。

1. 恰亚诺夫的生存小农理论

恰亚诺夫的理论也被称为"劳苦规避型"农民理论。他认为,农民家庭经济活动特征是不雇用额外劳动力,拥有一定数量的自耕土地和生产资料,为了维持生存需要,有时要将一部分劳动时间用于非农业经济活动,如从事商业和手工业活动(恰亚诺夫,1996)。农民家庭是农民农场经济活动的基础,农户生产和消费的均衡条件是其消费的边际效用等于休闲的边际效用。农户在决定其最多劳动投入时以劳动的供给与消费的满足为决定因素,当劳动投入增加到主观感受的"劳动辛苦程度"与所增加产品的消费满足感达到均衡时,农场的经济活动量便得以规定,所以农户成为维持生计的生产者,其小农家庭农场式的生产主要是满足其家庭的消费需要,而非追求最大化利润。农户生产活动的合理规模的确定与偏离取决于资本、土地和劳动三要素的水平和组合。农户的生产特征及其各种均衡关系的实现通过影响经济地租、土地价格、资本利息、农产品市场、劳动供给等有关农业的宏观经济因素来影响一国的国民经济结构。依据恰亚诺夫的理论可以推断,未来不是农业的"大生产"消灭家庭农场,而是农户们通过合作,基于服务的"纵向一体化"把无数小农联系起来并使之成为社会化生产的有机主体(秦晖,1996)。

2. 舒尔茨的理性小农理论

舒尔茨（2006）在《改造传统农业》一书中通过对印度、危地马拉等地区农业生产的详细考察，奠定了理性小农理论的基础。他认为，完全以农民世代使用的各种生产要素为基础的农业称为传统农业。所以，传统农业是一种生产方式长期没有发生变动，基本维持简单再生产的、长期停滞的小农经济。认为传统农业中小农生产是愚昧落后的、农户经济行为是缺乏理性的观点则是不正确的。传统农业中的农民具有市场敏感性，其对市场价格的波动能迅速做出反应，并为了能多赚一些钱而锱铢必较，他们因为常年劳作，极具经验，已能使现有的生产要素配置达到了最优化，即使重新对生产要素进行配置，也不会使农业生产实现增长，所以农户在现有农业生产条件下是具有效率的、具有理性计算能力的经济人。农户之所以对农业中新技术、新品种的接受能力低，是受制于文化程度的约束，新技术对农户的要求超出了农户接受和掌握的范围。所以农户是在对长期和短期的收益和风险进行衡量后，为追求最大生产收益而做出理性生产抉择的群体。由此，舒尔茨提出改造传统农业的途径是要对农户进行人力资本的投资，以便农户能获得必要的新技能和新知识，能合理运用现代的"生产要素"，所以人力资本是农业经济增长的主要源泉。

3. 黄宗智的商品化小农理论

华裔学者黄宗智将研究视角对准了中国农户。他认为，中国小农具有三种特征：在一定程度上直接为家庭消费而生产，农户的生产决策取决于家庭需要；农户在某种程度上也为市场而生产，必须根据价格、供求和成本、收益来做出生产上的选择，所以农户是一个追求利润的单位，农户生产的剩余产品被用来供应非农产业的消费需要，故而农户也是社会体系下的成员（黄宗智，1986）。中国传统农业是一个高度劳动密集化的体系，中国农村所具有的人多地少的资源禀赋决定了农业与手工业的相互结合、相互依赖，共同维持农户的生计，所以中国农户具有商品化特征。中国农户所拥有的农场平均面积对中国农业和经济整体结构具有一定约束作用，导致中国农户以耕种农作物为谋生的主要手段，而较少饲养牲畜，所以表现为极高的土地生产率和极低的劳动生产率。满足家庭需要后的小农家庭生产方式会随着商品化过程发展为追求市场利润的经营式农业生产方式。商品化带来了小农劳动生产率的增长，但由此也伴随着劳动报酬率的下降。小农拥有土地的减少，导致收入不断下降，所以手工业就成为农户补充收入的手段，从而能使小农家庭得以维持生计，但不可能提供积累和投资（黄宗智，1992）。

当然，还有其他类型的农户理论，如 Lipton（1968）提出的风险规避理论，认为农户的经济决策行为主要是基于趋利避害的原则，依据生存法则来进行选择，某些外人看起来是不合常理的行为实质上是出于避免灾难的考虑；徐勇和邓大才（2006）提出了社会化小农理论。他们认为，在现代社会，农户与外部世界存在着密切的联系，深入融合在现代市场经济环境中，社会化程度较高，但是经营规模有限，所以提出了社会化小农理论。

由于信息技术和全球化的发展，农户不再是局限于一个狭小区域范围内面朝黄土、背朝天的传统农业经营者的角色，传统的小农也面临着巨大的挑战和变革，对于农户理论的研究值得进一步深化。尽管上述三种有关小农理论的主要观点都有充分的理论依据，但本书更认同黄宗智的观点，其基于对中国传统农业社会的调查分析得出的研究结论，更适用于中国小农户的研究背景。其认为中国小农具有三个特征，即农户生产需要追求利润、农户是社会体系中的一员以及农户具有商品化特征，在中国市场化和现代化进程中，这些特征也仍然成立。正因为农户是追求利润的主体，所以其会对生产和流通的成本和收益进行权衡；农户是社会体系中的重要组成部分，决定了农户的劳动成果需要纳入社会化大流通过程中来；农户具有的商品化特征决定了农户无法只从事商品生产而不从事流通活动。基于黄宗智的商品化小农观点，中国的小农需要依据交易成本的计算对农产品流通渠道做出选择，从而将劳动产品投入市场获得劳动利润，以满足家庭生活的需要。所以本书主要针对黄宗智商品化小农理论所设定的农户特征展开研究。

二、农户生产经营行为的假设

依据农户理论，对农户生产经营行为的假设进行分析，以便更进一步理解农户的行为和选择。

1. 有限理性行为

前述三种农户理论都涉及农户的理性问题，无论是恰亚诺夫的"生存小农理论"、舒尔茨的"理性小农理论"，还是黄宗智的"商品化小农理论"，都具有隐含的理论前提，即农户是具有理性行为的主体。农户的理性来自两个方面：一方面是数千年来农业文明传统的积淀，农户所具有的理性知识作为一种人类历史长期以来形成的惯例，具有默示知识的特征，通过传统农业社会中封闭环境下农户之间的口耳相传和学徒式的经验传授，形成了农户在农业生产活动中的态度、看法和意识，即具有农业文化的特征。另一方面是农户通过长期农业生产活动所获得的经验，通过日复一日的日常生产经营活动获得的经验对农户未来的选择提供参考。所以理性是农户通过自身及其前辈的经验活动形成的对未来行为产生影响的意识、观点、态度和看法（徐勇，2010）。农户和其他任何经济主体一样，都是有目的地追求个人或家庭目标的实现，因为个人行为始终是处于某种社会环境中的选择，所以个人行为会依据环境的变化而进行修正。但是，农户的理性仍然是有限的理性。依据西蒙的有限理性理论，作为决策者，其决策行为会介于完全理性和完全非理性之间，受制于各种约束条件，完全理性无法实现，完全非理性则违背了经济学中"理性人"的基本假设，所以一项决策行为就处于两种极端情况之间。决策者的决策目标和价值取向具有多元性，受到诸多因素的制约，会随着客观环境的变动而变动，而且决策者的知识、信息处理能力、决策能力具有有限性，决策者的方案不可能达到最优，只要能找到满意解即可，所以决策者是有限理性的经济人，在一系列约束条件下，希望获得预期效用的最大化。作为中国市场化进程中的农户，有限理性的特征更明显，农户面临着一个与中国数千年来所形成的传统农耕社会全然不同的发展背景，农户进入工商业时代后，原有的传统农耕文化面临着新的挑战，原有的经验也已无法完全适应新的农作条件，所以农户只能在经验基础上依据自己的知识和分析判断能力在环境变迁背景下进行决策，其行为主观上追求完全理性，但客观上只具有有限理性的特征。进一步，农户的理性选择具有层次性，农户在经济理性基础上具有更深层次的理性，即具有"社会理性"（文军，2001）。在判断农户的理性与非理性行为时，不能以旁观者的判断为标准，而需要从决策者自身的视角来衡量，满意原则和合理性是农户社会理性的行动基础，非经济因素起着重要的作用，农户决策时不仅寻求利润的最优，也希望能获得社会、文化和情感方面的收益和认同感（姚俊，2015）。

2. 机会主义行为

农户生产的产品除了部分满足自身和家庭消费需求以外，也要进入市场，为市场而生产，所以，农户需要根据市场价格、供求的变化以及自身生产的成本和收益来做出生产和交易中的决策。作为经济人，追求利润、追求目标的实现从而趋利避害是人的本能。在信息不对称的情况下，农户作为行动者会无法获得有关决策的所有信息，从而无法做出最有利的决策，所以其会根据自己的意愿采取最有利于自己行动的方案，来避免自己利益的受损，从行为结果来看，也许农户的机会主义行为会被认为是败德行为，但其动机则来源于行动者的自利心或是对自我利益最大化的追求，是农户在现有的约束条件下所做出的最优安排。所以在农业生产流通领域，机会主义行为是很常见的一种行为，农户会靠投机取巧、相机抉择的方式利用交易环节实现自身收益。

3. 基于不完全信息的决策

农户作为行动者，其在已掌握信息的基础上依据自身的判断能力进行决策，决策过程是否准确，取决于两方面的变量：一方面是信息的可靠性和完善性，另一方面是行动者自身处理信息的能力。从信息角度来看，行动者无法获得决策所需要的所有信息，因为决策者甚至都无法确切知道哪些信息是有助于决策行为的，也就无法知道需要哪些额外的信息来帮助进行决策，另外，信息大爆炸时代，行动者无法也不可能拥有所有的信息。从行动者来看，信息的获得和处理需要成本，对于所获得的信息，能否准确解读和决策依赖于信息获得者处理信息的能力。所以，行动者的决策是基于不完全信息进行的，这就决定了行动者的决策行为存在着不完善的可能性。

三、中国农户生产经营的现状

1. 中国农业生产状况

自1980年以来,中国经历了现代化的农业革命,农业的劳动生产率得到了极大的提高,农户的收入水平也显著提高,农业的总产值增长率远远超过世界其他国家历次农业革命的增长率(黄宗智,2016)。虽然农业生产持续增长,但是从农业产值占GDP的比重来看,却是呈现出持续降低的状况,即农业占中国经济总量的份额在下降。2018年我国第一产业增加值为664734亿元,仍然保持增长的态势,但是第一产业增加值占我国GDP的比重呈现下降的趋势,2018年该指标为7.2%。2013年该指标还在10%以上①(见图3-1)。农业产值占比份额的降低,意味着整个国家的现代化是中国产业结构升级的结果。世界发达国家该数据一般在5%以下。依据国际经验,农业发达国家的农业产业增加值降到10%以下标志着产业结构在朝现代化经济的方向转变,在经济现代化转变的同时也要求农业发展方式发生转变。从图3-1可以看出,中国自2014年以来,才实现了农业产业增加值占到GDP的比重为10%以下,说明中国产业结构在朝着现代化发展,所以农业发展方式要伴随发生转变,需要从粗放式向集约式转变,要高效率、高质量、低能耗地进行生产以满足消费者的需求。

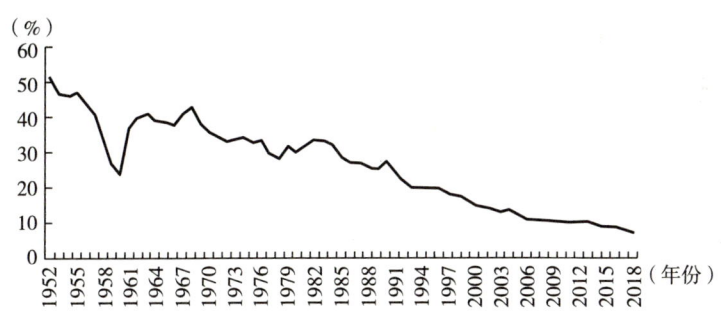

图 3-1　1952~2018年我国第一产业增加值占GDP的比重

资料来源:Wind 数据库。

2. 农村农业劳动力规模

随着中国的改革开放,中国的城市化进程加快,城市化率由1978年的17.9%提高到2018年的59.58%,中国由一个传统的农业大国向制造业大国迈进,伴随着产业结构的升级,出现了农业劳动力的大量转移,农业劳动力从第一产业转移到第二、

---

① 本书所引用的统计数据如果没有特别说明,均来自中国经济社会发展统计数据库或Wind 数据库。

第三产业就业，截止到2018年底，共有2.88亿农业劳动力实现了由农业部门向非农产业部门的流动，成为我们称为"农民工"的群体，其中外出农民工有1.73亿人、本地就业的有1.15亿人，本地就业就是指在本村、本镇、本县，不出县域的就业农民。但是即便如此，第一产业从业人数①仍然具有很大规模（见图3-2）。中国总人口仍然处于上升的通道，而农村总人口自1998年达到最高点以后出现了持续的下降，乡村从业人员自1997年达到高点，第一产业就业人员数自1991年达到高点以后呈现出缓慢的下降趋势。乡村从业人员数和第一产业从业人员数这两条曲线在1982年前一直处于胶着状态，两组数据差距不大，说明乡村从业的渠道除了第一产业之外，其他从业的岗位机会很少，同时也说明市场经济的发育程度缓慢，导致本能在乡村从业的产业没有发育起来，自1982年以后，农产品销售权、经营权放开，乡镇企业发展以及其他乡村服务业的发展，使农户可以离土不离乡，在乡村从事工商业活动，脱离了第一产业，所以这两条曲线的敞口越来越大。这种状况对于农业劳动力的转移具有积极的意义。

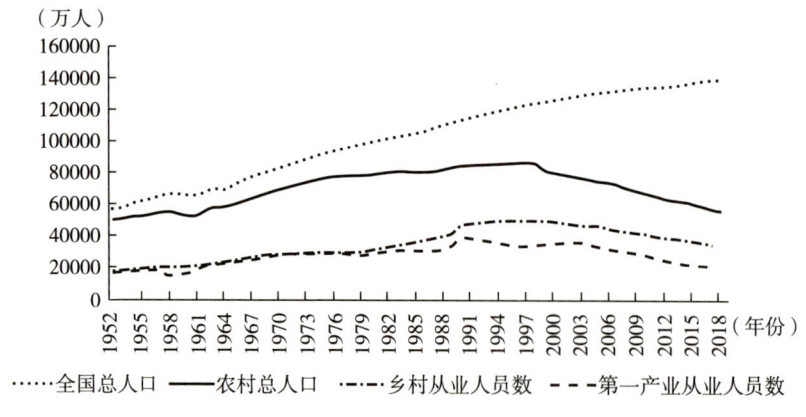

图3-2　1952~2018年我国农业人口的统计数据

资料来源：中国经济与社会发展统计数据库、Wind数据库和国家统计局数据库。

同时，农业劳动力老龄化趋势明显。如北方一些地区，农业劳动力的平均年龄是52岁，在长三角、珠三角等一些经济发达地区，农业劳动力的年龄可能会更高，

---

① 依据国家统计局对统计指标的解释，乡村从业人员指乡村人口中16岁以上实际参加生产经营活动并取得实物或货币收入的人员，既包括劳动年龄内经常参加劳动的人员，也包括超过劳动年龄但经常参加劳动的人员。但不包括户口在家的在外学生、现役军人和丧失劳动能力的人，也不包括待业人员和家务劳动者。从业人员按从事主业时间最长（时间相同按收入最多）分为农业从业人员、工业从业人员、建筑业从业人员、交运仓储及邮电通信业从业人员、批零贸易及餐饮业从业人员、其他从业人员。参见http：//www.stats-tj.gov.cn/Article/ljtj/tjzswd/zytjzbjx/ny/200612/5515.html。

第三章　农户及农产品流通渠道的历史演进

平均在 56 岁、57 岁①。而已经在城市里打工的农二代们,不愿意返回农村继续从事农业生产,所以,农业劳动力呈现老龄化的趋势,将来谁来种地的问题一定会凸显出来②。

3. 农户收入水平

依据国家统计局的统计口径,农民人均可支配收入来源于家庭经营收入、工资性收入、转移性收入和财产性收入。农村居民家庭经营收入指农村住户以家庭为生产单位进行生产规划、管理、经营而获得的收入,如从事农业、工业、建筑、运输、流通服务和其他家庭经营等活动,由此获得的收入统计为家庭经营收入。工资性收入是农户受雇于雇主,靠劳动付出而获得的劳动报酬及其他福利,即所谓的打工收入。转移性收入是国家针对从事农业活动或贫困家庭而提供的各种形式的补贴投入,是农户在国家财政分配中获得的收入;财产性收入是农户用自己的财产获取的报酬,如租地、租房子的收入,也包括存款利息、股票收益等。

近年来,农户的可支配收入水平提高较快,2017 年农户人均收入为 13432 元,增幅 7.3%,快于城镇居民 6.5% 的增幅。从农户的收入构成来看(见图 3-3),农户财产性收入的增长趋势并没有太大的变化,表明农户的财产性收入增长缓慢,所以中央政府屡屡提及要增加农户的财产性收入,并提出了一系列的举措。自 2006 年取消农业税以后国家对农业的补贴和转移支付连年增加,农户的转移性收入有了很大的增长。但农户的收入主要来源仍然是工资性收入和家庭经营收入,尽管这两项来源占农户人均可支配收入的比重从最高的 95% 降至目前的 78.3%,但可以看出其仍然占农户收入来源的绝大部分比重。此外,2017 年农户的工资性收入占比是 40.9%,家庭经营收入占比是 37.4%,表明农户主要收入来源发生了变化,即农户的工资性收入开始高于农户的家庭经营收入。

在 GDP 增速从两位数增长变为一位数增长的经济新常态背景下,供给侧改革带来的产业结构转型升级导致非农产业能够为农民提供的就业机会在相对下降,财政收入相对减少导致对农业的补贴和转移支付也相对下降。这种新常态对于农民的直接收入和间接收入都会有影响。所以中央提出要把供给侧结构性改革的目标放在农民增收上,要保证农民收入能够持续增长,只有如此农村的改革举措才能进一步推进。

四、中国农户的特征分析

中国农户在长达千年的漫长演化过程中,形成了具有中国特色的农耕文化,而

---

① 徐小青. 解读 2017 年中央一号文件 [EB/OL]. http://www.71.cn/2017/0215/934717.shtml.
② 当然,农业劳动力老龄化的问题不是中国的个例,世界范围内农业都或多或少面临着同样的难题,因为中国农业人口基数庞大,机械化程度低,所以这个问题比较突出。

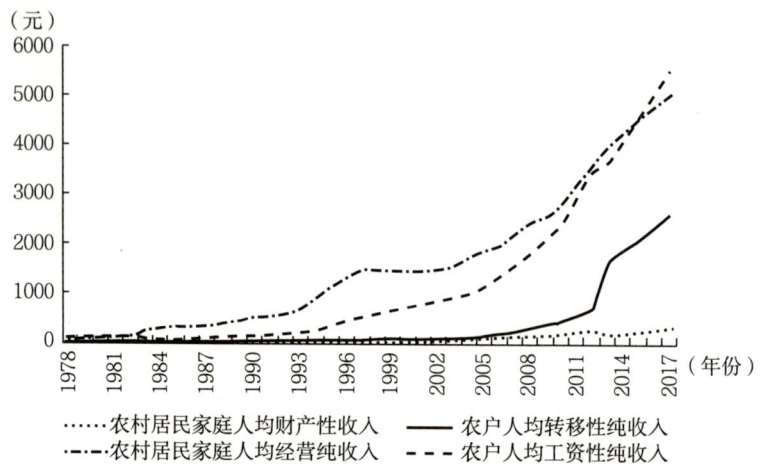

图 3-3　1978~2017 年农户收入结构统计数据

资料来源：中国经济与社会发展统计数据库和中国资讯行信息。

这也造就了现阶段农户的特征，农户的行为特征也决定了农业的发展背景。

1. 农户的市场经济意识没有得到良好的形成

中国作为世界上农业文明最悠久的国家，已经形成了强大的农耕文化和农业文明。中国农村长期处于封闭和保守的社会中，因而市场经济的意识比较欠缺。虽然在中国历史进程中出现过一些经商者，但是这些经商者一旦获得财富以后，就将资本用于购买土地，成为农业经营者，雇用佃农进行农业作业，形成地主阶级，导致土地的所有权和土地的耕种权发生分离，使农业生产和农业经营发生分离，部分农业地区已具备了市场经济的发育可能。但是我国历史原因形成的人多地少现状，加上第二产业和第三产业不发达，吸纳农业人口转移的能力薄弱，导致在庞大的人口压力下，有剩余劳动力的农户也需要将剩余的劳动力投入农业生产，即便是出现了农业生产的边际产出下降的局面，只要农业总产出仍然是增长的，这种局面就会持续，这种现象被黄宗智（1986）称为"农业内卷化"。所以尽管中国近代农业生产力有一定的发展，但是发展变化很缓慢，无法对农村长期形成的传统生产模式产生冲击，也就无法造就农户市场经济意识培育的土壤。

所以，受限于农业土地耕种面积有限、农业劳动生产率低下，小农从事农业维持基本的再生产是有保障的，但是剩余产品进入市场的规模有限，特别是中华人民共和国成立后中国农业政策发生了多次变迁，农村社会长期积累的市场经济意识又需要重建，而这个过程仍然在进行当中，目前来看仍然存在农村社会的市场经济没有得到有效发育，市场经济的规则对于农户的约束性较弱的状况。

2. 农户的协作和合作意识欠缺

老子曾描述中国农村的情景是"小国寡民,邻国相望,鸡犬之声相闻,民至老死不相往来",中国农村长期以村为集聚单元,社会交往多限于村或家族范围内,与他人交往的意愿薄弱,在自给自足的生产和消费方式下,整个生产和生活具有封闭社会的特性,对向外发展的需求较低,所以传统中国社会的农户没有强烈的向外寻求协作和合作的意愿,也缺乏合作的意识。在市场经济发展的今天,社会分工和协作已经成为一种趋势,农户这才开始在市场经济大潮中学习和探索,但要形成成熟的市场意识和协作精神还有待时日。

第二节 中国农产品流通渠道的演进历程

中国农产品流通的历史演进反映了中国社会变迁中强制性制度变迁的作用。农产品流通渠道的模式经历了多次变迁,每次变迁都伴随着重大的社会变革而展开。要描述恢宏的中国农产品流通的历史,将是一件庞大的工程。本书以改革开放为界限分析1949年以来改革开放前后中国农产品流通渠道的大致演进历程。

一、计划经济时期农产品流通渠道的演进过程

自中华人民共和国成立以后,中国农业生产和流通体制发生了较大的变革。先是土地制度的变革,即所谓的"土改",土地改革完成以后,进行了农业基本生产单元的改革,进而从生产和流通环节对农村、农业和农民产生了深远的影响。

在明清时期,中国资本主义在某种程度上得到了萌芽,商品经济获得了一定程度的发展,土地也进一步商品化。中国土地所有者获得土地的方式主要还是依靠买卖,土地所有权转移的加强则意味着土地市场商品化的加强。尽管在不同时期也存在着对土地的不平等掠夺,但是土地市场总体上还是有买卖关系。所以,以土地买卖为特征的地主经济孕育了农业资本主义萌芽的可能(李文治,1981)。农业资本主义萌芽还需要农业生产力的发展,只有在农业劳动生产率提高、农户能生产出更多的剩余产品、农产品的商品化率提高的情况下,农产品市场才能发育。

1949年以后,中国土地制度发生了多次变革,每次变革都带来了农业产业生产方式的变化,相应地导致农产品流通模式的变化。从中华人民共和国成立初期开始实施到1953年基本完成的土地改革运动,实现了耕者有其田的目标,使农村社会结构发生了巨大变化。以小块土地私有为特征的土地所有制决定了以家庭为生产单元的农户经济在农村经济生活中成为主流,极大地解放了农民的劳动生产率,调动了农户生产积极性,促进了农业生产发展,也促进了农村市场经济发展。农产品流通模式在大中城市主要采取"农户—商贩—消费者"或"农户—消费者"的形式,在

小城镇则主要采取定期集市贸易的形式来互通有无。但是到 1953 年,国内农产品市场出现了粮食供应紧张的局面,于是政府规定农民应该按照国家计划的规定将农产品供应国家,而城市居民则需要依据票证进行购买,形成了基本覆盖所有农产品的统购统销制度体系,中国全面实施计划经济的雏形开始出现。截至 1956 年,我国实行农业和资本主义工商业的社会主义改造,对农业实行计划生产,通过统购统销制度,政府从农户手中收购农产品,并按照分配配额的方式向城乡居民供应,关闭了各类农贸市场,禁止农户自产自销农产品。虽然这种方式对于当时稳定市场、保证市场供应有一定的积极作用,但是隔断了农民与市场的联系(宋洪远等,2012),农户本可以培养起来的市场经济意识又被人为阻断。此后农村基本经济生产组织结构又被调整,相继采用了生产互助组、人民公社等形式,自此农村土地私有的形式被集体所有制取代,农户失去了土地所有权、使用权、处置权和收益权。农户不仅对农产品的经营失去了控制,也对农产品的生产失去了话语权,农业生产的市场化进程出现了全面的衰退。农产品的流通完全依靠计划经济指令来实施,农村市场经济被扼杀。同时政府通过"剪刀差"的方式,人为压低农产品的收购价格,抬高工业品的销售价格,导致农业积累源源不断地向工业提供补贴,这虽然为工业提供了原始积累,但也进一步导致农业的生产基础被削弱。所以,1953~1978 年,农产品的生产和流通依靠国家计划指令,国家依据计划向农村基层生产组织下达农产品的生产和种植任务,按照计划进行收购,由供销社和国营商业组织进行调拨和销售,收购和销售实行计划价格,基本不存在农产品自由流通的问题,所以此阶段的农产品流通是在政府严格控制下的计划体系中运行,形成了政府计划指导下的以国营流通企业为主体的流通渠道模式。

二、市场化进程中的农产品流通渠道演进过程

自 1978 年党的十一届三中全会确定把工作重点转移到社会主义现代化建设上来,中国开始实行改革开放的基本国策以后,农村生产力得到了巨大的解放。集体土地实现了"包产到户",由家庭承包经营,农户可以自行决定土地的耕种和使用安排,基本实现了农户的自主经营。随着农户生产积极性的提高,农产品的产量大幅提高,农户生产的产品除了满足自身消费需要以外,有大量的剩余产品需要进入市场,而此前计划经济时期形成的流通模式已经不能适应新形势的要求,国有商业企业主导的流通方式已经制约了农村劳动生产率的提高、阻碍了农业生产的发展,生产和流通的矛盾日益凸显,于是很多农村自发地进行了市场化的尝试,关闭了多年的农贸市场开始恢复,自此以后,农业市场化的春天到来了。

自上而下开始实施的农产品流通体制改革是从提高收购价格、减少收购品种和数量开始着手,逐渐减少了农产品统一收购的范围,到 1985 年全面取消了农产品的

统购派购制度，但是农产品购销体制仍然实行的是"双轨制"，即在计划指标内农产品按照国家的计划价格收购，超出部分农户可以在市场上按照市场价格进行销售。而国家的收购价格与市场收购价格之间存在着差额，即所谓的"双轨制"。此时的农产品流通模式是既存在政府主导的国营流通渠道，也存在市场交易的流通渠道。2004 年国家对粮食购销完全市场化，实行最低保护价收购政策后，经过多年的改革，农产品流通体制终于走上了全面的市场化道路。

第三节　农产品流通渠道的主要类型分析

一、农产品流通渠道的参与主体

目前，我国农产品经营主体多元化的格局已经形成，农产品由卖方市场变为买方市场，流通模式也不断衍生出很多的纵向结构。众多的个体或组织参与到农产品流通过程中来，形成了多元化的流通主体。参与流通活动的主体除了处于农产品流通渠道源头的农户和处于农产品流通渠道终点的终端消费者以外，参与农产品流通活动的流通中介主体包括农产品经销大户、专业合作社、龙头企业、批发零售商、粮油公司和国有储备体系（彭晖，2010）。

1. 农产品经销大户

作为农村中信息广、见识多的能人，农产品经销大户本身可能就是农产品的生产者，由于其能获得广泛的信息来源，能联系到众多的下游市场主体，在农户的农产品流通中占有重要的地位。经销大户通常和下游的企业或市场保持着紧密的联系，能及时获得农产品的产销信息，其常常在已经确定或获悉农产品的下游需求的情况下，在田间地头收购农户的农产品，农户生产出来的产品直接就在地头向其进行销售，使农户的产品能及时卖出并及时回收资金，所以经销大户受到农户的大力欢迎。在农产品经销大户中，有一部分经销大户转变为经纪人（也称为"代办"）的角色，通过对上下游产业链中信息的及时掌控和整合，将下游采购商和上游农户的产品、数量和价格进行匹配，起到撮合供需双方交易的目的。经纪人在农产品流通中起到了重要的作用，深受采购商和农户的欢迎。对农产品采购者来说，经纪人起到了牵线搭桥的作用，便利了收购商在农村挨家挨户进行收购，农户则通过代办及时了解市场价格和市场需求的信息，且通过代办能联系到收购商进而有机会将农产品销售出去，而代办则按照采购总量获得一定报酬，一般就蔬菜产品而言，如西红柿、黄瓜等，代办会在每斤蔬菜的基础上，加价 0.03~0.05 元/斤作为代办费。除了中介产销、传递信息之外，当收购者和农户发生矛盾冲突的时候，代办还承担着调解人的角色，所以，在小规模种植农户的销售活动中，经纪人的作用不容忽视。

2. 专业合作社

农村专业合作组织或农协在农产品销售过程中，起着重要作用，虽然这种作用目前还没有充分发挥。专业合作社等中间组织在发展过程中，既有以强带弱或强强联合的现象，也有同一服务领域的若干农民专业合作组织联合起来成立行业协会的趋势。发起成立合作社的发起人一般有以下几类人：一是种植大户或营销大户；二是村干部或农业技术人员；三是从事农业生产、加工或流通的企业。

截至2018年底，我国共有217.3万户成立了农民专业合作社，实有入社农户超过1亿户，占全国农户总数的49.1%，参加合作社农户的收入普遍比非成员农户高出20%以上，合作社社均农民（出资、入股）成员数约263户，社均服务农户数为2618户。能够带动入社农户户均增收2000~4000元的合作社达到40.2%，2000元以下的占21.8%，6000元以上的达到19.4%，4000~6000元的达到18.6%①。农民专业合作社已经成为重要的新型农业经营主体和现代农业建设的中坚力量。

3. 龙头企业

为了贯彻落实党的十六大关于积极推进农业产业化经营的精神，在全国要选择一批有基础、有优势、有特色、有前景的龙头企业作为国家支持的重点的要求，由农业农村部、国家发改委、财政部、商务部、中国人民银行、国家税务总局、中国证监会、全国供销合作总社组成的全国农业产业化联席会议制定了《农业产业化国家重点龙头企业认定和运行监测管理办法》，依据农业农村部对国家级龙头企业的定义，农业产业化龙头企业（以下简称"龙头企业"）是指以农产品生产、加工或流通为主业，通过合同、合作、股份合作等利益联结方式直接与农户紧密联系，使农产品生产、加工、销售有机结合、相互促进，在规模和经营指标上达到规定标准并认定的农业企业。

依据该办法，全国农业产业化联席会议自2001年起开始逐批认定和监测农业产业化国家重点龙头企业。依据农业产业化国家重点龙头企业认定和运行监测管理的规定，农业产业化国家重点龙头企业需要符合一些基本标准，如涉农业务的交易额占总交易额的70%以上，东部、中部、西部地区要求总资产规模分别为1.5亿元、1亿元和5000万元以上，固定资产规模分别为5000万元、3000万元、2000万元以上，年销售收入分别为2亿元、1.3亿元和6000万元。鼓励龙头企业通过农民专业合作社、专业大户直接带动农户。通过建立合同、合作、股份合作等利益联结方式带动农户的数量一般应达到：东部地区4000户以上，中部地区3500户以上，西部地区

---

① 依据2019年农民日报社"三农"发展研究中心调查报告《2019中国新型农业经营主体发展分析报告二——基于农民合作社的调查和数据》，见 http://www.csxfc.com/news/nongyexinwen/201902/00000967.html。

1500户以上[①]。农业产业化国家重点龙头企业实行动态管理，监测合格的企业可以继续享有国家提供的各类支持政策，对于达不到规定标准和要求，或监测不合格的企业，则不再享有农业产业化国家重点龙头企业资格。

2018年底全国县级以上农业产业化龙头企业达8.7万家，其中省级以上重点龙头企业有1.7万家，国家重点龙头企业达1243家，各类农业产业化组织辐射带动1.27亿农户，户年均增收超过3000元。

4. 批发零售商

批发零售商包括经营规模有限的个体商户、流动商贩以及超大规模的零售商业连锁企业。批发零售作为农产品连接农户和消费者的重要环节，在农产品流通中起着重要的作用，特别是在一些大型连锁零售超市，生鲜农产品的销售已经成为企业吸引人气、扩大市场占有率和顾客保有率的重要调控手段，为了降低农产品的采购成本，使农产品价格更具有吸引力，有些零售企业已经开始在农村建立农产品生产基地，采取各种办法稳定农产品货源，并获得较低的采购价格。例如，沃尔玛、家乐福等企业已经在农村建立农产品生产基地，从而作为整个商品供应链上的重要环节，将其基地生产的产品推向其全球供应网络。但是陕西的超市还没有这样的打算，笔者在采访有关的超市时，超市都表示还没有这么做，也暂时还没有这样的打算，原因是多方面的，主要原因是无组织的农户小规模生产无法满足超市常年大规模销售的需要，此外超市要对生产环节进行监控、对流通环节进行协调，这对超市的经营管理水平要求较高，超市目前还不具备这些能力，所以超市仍然倾向于引入经销商进行生鲜农产品的销售。

5. 粮油公司和国有储备体系

粮油公司作为农产品加工的下游环节，对于农产品销售的流向具有一定的影响，而国有粮库等储备体系是作为国家战略储备的重要环节参与农产品流通的，其主要作用是通过收购农产品并储存，在国家急需或发生紧急情况时可以通过粮库粮食的吞吐来发挥平抑物价、稳定市场的作用。

所以上述各流通主体在农产品从生产环节向终端消费环节推进的过程中都承担着相应的职责。

二、农产品流通渠道的主要类型

农户作为生产者，是农产品的供应方，也是农产品流通渠道建设的起点，最终用户作为消费者，是农产品流通渠道的终点，介于起点和终点之间的各类农产品流

---

① 农业农村部，财政部等. 农业产业化国家重点龙头企业认定和运行监测管理办法 [EB/OL]. http://www.chinatax.gov.cn/n810341/n810765/n812161/n812532/c1084472/content.html. 2010-09-19.

通参与主体,共同构建了多种多样的农产品流通渠道。

1. 农户→农贸市场→终端消费者

这种流通渠道在我国广大农村地区长期占据绝对地位,农户通过直接销售的方式将农产品运至农贸市场,然后在农贸市场向终端消费者进行销售,终端消费者可以是餐馆、厂矿企业的食堂或个体消费者,在该种模式下,农户既从事农业生产,又承担了批发零售商的职能。

2. 农户→批发市场→批发商→超市、农贸市场的经销户、餐馆或消费者

农户将收获的农产品运至批发市场,批发给各类农产品的批发商,由批发商再将农产品在该市场内或运至其他批发市场进行销售,销售对象可以是超市、农贸市场的经销户、餐馆、厂矿企业的食堂或终端个体消费者,在该种模式下,农户承担了一级批发商的职能。

3. 农户→代办→龙头企业或批发商→超市、农贸市场的经销户、餐馆或消费者

农户将收获的农产品直接交给经销大户(又称为代办),代办将各农户收获的农产品统一采购后交由龙头企业或农产品批发商,龙头企业或批发商再通过企业自身的途径将产品销售给农产品零售商或是直接向终端消费者进行销售。有时代办并不实际发生农产品的交易,而是扮演中间人的角色,负责牵线搭桥,将农户和批发商(或龙头企业)的信息匹配后,进行交易的撮合。

4. 农户→农业龙头企业→批发市场、超市、餐馆、农贸市场的经销户

农户通过长期契约的形式直接向龙头企业进行农产品的销售,龙头企业再向批发商、零售商或终端消费者进行销售。

5. 农户→农业合作社和专业协会→农业龙头企业→批发市场、超市、餐馆、农贸市场的经销户

农户通过加入农业合作社或专业协会的形式进行农产品销售,由农业合作社在市场中寻找合适的龙头企业进行销售,农业龙头企业通过其自身建立的渠道在批发市场进行批发销售或直接向批发商、零售商或终端消费者进行销售。

6. 龙头企业→农户→龙头企业→批发市场、超市、餐馆、农贸市场的经销户

在该种农产品流通渠道模式下,由龙头企业自建生产基地,农户作为龙头企业的雇员在农产品生产基地进行劳动,产品收获以后由龙头企业通过其自身建立的渠道向批发商、零售商或终端用户进行农产品的销售。

图 3-4 描述了农产品流通渠道的主要形式。

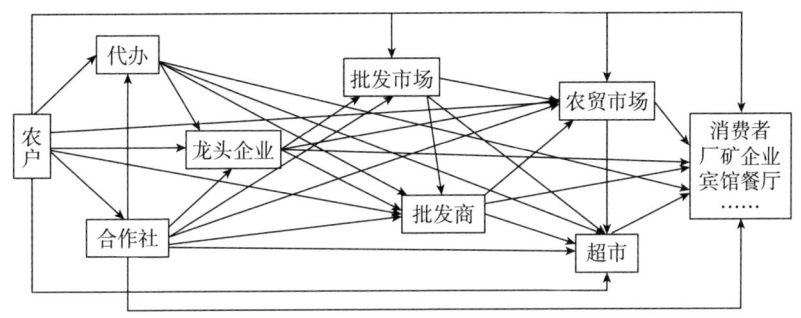

图 3-4　农产品流通渠道的主要形式

从图 3-4 可以看出，依赖不同的农产品流通主体，农产品流通渠道呈现复杂的网络结构，这些网络环环相扣，通过流通主体共同承担农产品从生产环节向消费环节转移的过程，实现农产品流通渠道的职能。

随着信息技术的发展，在电子商务背景下，也出现了众多的网上交易类型，如由农户直接在电子商务平台或微信平台进行农产品的销售，或由农业合作社、龙头企业建立电子商务渠道，通过网络销售农产品，这种类型看起来是一种新型的农产品流通渠道，但本书认为这类销售渠道只是农产品销售的平台不同，即基于互联网的虚拟交易市场进行交易，并没有改变上述流通渠道的实质，从交易主体和交易的组织形式来看，与传统的流通渠道并没有本质的区别，所以本书没有专门对电子商务环境下的农产品流通渠道进行研究。

第四节　农户参与农产品流通的主要渠道分析

依据上述针对农产品流通渠道的分类，可以发现农户在不同的流通渠道构建中扮演着不同的角色，具有不同的职能。

一、农户纯市场型参与型渠道

1. 农户的田间销售渠道

因为多数农户没有农产品销售方面的能力，所以农户偏爱利用农产品的代办进行产品的销售，代办也就是所谓的经纪人，或称为经销大户。经纪人接到收购者的收购任务后，直接将收购者带到田间地头或果园，如果收购者对产品的品质和价格均满意，农户就可以直接将农产品在田间地头就地销售，通常是收购者支付一定的定金，等收购者将一次需要收购的产品收购齐备以后再联系运输车辆，并雇用人员进行产品的挑拣、整理、包装、装车，也有可能是代办直接将收购来的农产品进行装车并直接运送到收购者的产品集散市场，收购者再将农产品整理加工或包装后向超市、批发市场销售或直接进行零售。大量的农户通过代办的运作，将产品在地头就进行了及时销售，节省了农户的保管储存成本，及时回笼了农产品销售的资金。

在该模式下，农户完全不参与农产品的流通环节，在农产品的收获季节，农户将农产品收获以后，就通过活跃在农村中的经销大户或流通中间商，将产品直接在农户的田间地头销售出去，这样，农户生产的农产品实现了价值补偿，且不用承担流通中任何其他职能。这种模式的好处是农户能尽快转移产品在流通环节的风险，并尽快实现农产品生产环节所投入资本的回收。但缺陷是没有获得流通环节产生的部分利润，农户仅仅获得生产所得。

2. 农户直销渠道

该模式下，农户将农产品采摘收获以后，直接将农产品运至农贸市场或是批发市场，通过农户的市场化销售模式，实现农产品从田间到市场的转移。

这是一种基本的流通渠道，特别是近郊或邻近市场的农户可以将农产品直接采摘并运送至农贸批发市场或零售市场进行销售，主要通过批发或零售的方式向其他农产品经销商、小型餐馆或市民直接销售。这种方式有利于农户享受到流通领域的利润，但是如果农户的生产批量大，通过农贸市场不能将所生产的产品全部消化，农户的生产利润将不能实现，流通的效率不高。

大规模生产的农户由于产量大，可以采用批发市场方式，利用批发市场辐射面广的功能，通过批发市场平台，向超市、农贸市场的经销户、餐馆甚至个体消费者销售产品。这种方式与前述方法的区别在于，由于其产量大，可以面向大批量的需求者供货，能够满足超市对生鲜农产品的采购需求，也可以向农贸市场的经销户进行批量销售，而餐馆可以在此进行配餐的产品采购，甚至价格敏感型消费者也可以通过加大购买批量的方式在此进行采购。对于生产规模比较大的农户来说，利用集散规模大的批发市场平台可以快速销售产品，并获得流通环节的利润。

该模式下，农户参与了农产品流通渠道构建的一个环节，即农户作为流通渠道的主体在帮助农产品从生产环节向消费环节转移的过程中承担了一定的职能，负责将产品从生产地运送到销售地，并实现农产品向下一个流通环节的转移。这样农户能获得一定的流通利润。但是相应地这种模式对农户自身能力的要求较高，要求农户具有一定的市场信息和资源获取能力，能联系运输工具运送农产品，并在利用农贸市场或批发市场进行销售方面具有一定的经验。此外，农户通过市场进行直接交易，还受制于交易市场的大小，如果某一产地农贸市场的经营面积有限，就会导致部分农户无法进入市场进行销售①,影响农户直接进入市场进行销售的收益。所以,受制于农贸市场规模以及与批发市场之间的距离,部分农户采取了串村②的方式,走乡串户去销售自产蔬菜,相当于送菜上门的模式,只不过这类交易范围限于农户所居住的村庄附近,且只有当该农户所种植的农产品是其他农户没有种植的品种时才会有销路。

3. 农户的"互联网+"销售渠道

随着信息技术和电子商务的发展,农业领域的"互联网+"模式应用也越来越广泛。农户利用电子商务平台,通过网上商城等形式来销售农产品,可以有效缓解农户产品销售的瓶颈。从网上接受订单,按照消费者的订单需求组织产品,交付快递公司进行配送。这种形式对农产品的质量和种类具有一定的要求,如农产品具有高附加值和一定的耐储存性,具有鲜明的地方特色或地理标志性。这类农产品通过"互联网+"平台销售具有优势。

二、农户采用订单农业的渠道模式③

农户将产品销售给龙头企业即通常人们所说的"公司+农户"的形式,属于订单农业的一种方式,农户通过订单的方式与龙头企业合作,龙头企业在生产的起始环节就介入农产品的生产,并在产品成熟后按照订单进行收购。如果是生产加工型的龙头企业,则其在收购后将农产品投入深加工,再将产成品投入企业自己的营销渠道进行销售。如果属于流通型的龙头企业,则其在产品收购后将产品进行包装处理,然后投入流通环节进行销售。这种方式对农户的好处是农户可以有目的地进行生产,产品如果符合龙头公司的质量标准,可以保证收购,农户不用担心产品销售不出去。而对于龙头企业来说,则可以锁定产品的来源,并对产品的生产过程实施控制,有效地监督产品的质量。当然,这种模式对于农户的产品质量有一定的要求,如课题组在调研过程中就有农户反映,依据订单生产的产品,当产品交付龙头企业时,龙头企业的收购人员会对产品的品质和标准进行检验,除了对农药残留等生产技术指

---

① 调研过程中,就有农户反映当地农贸市场的交易面积比较小,有时早上不到5点装好蔬菜运至市场时,市场的摊位就已经被其他菜农占满了,他不得不把菜拉回,通过其他方式进行销售。

② 该名词来自与农户的访谈。

③ 本课题组在调研中发现了一类农产品销售模式,我们称其为"反向订单模式",如陕西云阳的淇辉农庄在西红柿刚栽种时就发布订单,采取向终端消费者众筹的模式销售西红柿。该模式的运作方式为,农户依自己生产的品种和产量,发起众筹,由消费者认购订单,等产品成熟后就直接按照订单将收获的农产品直接配送至用户手里。这样做的好处是可以提前锁定农产品的销售,众筹的资金可以投入农业生产活动,缓解农户流动资金紧张的困难,而消费者则可以订到高品质的农产品。作为一种新型的农产品流通模式,"反向订单模式"具有借鸡生蛋、提前锁定销售等优势,但是该种流通方式仅适用于精品或高端农产品,只能走高端小众的路线,不适合普通农产品的流通。故而本书并没有专门研究该种模式。

标有一定的要求外，对于产品的大小也有要求，如单个重量大于 1 斤半的卷心菜，龙头企业就不愿收购了，原因是龙头企业供应超市，需要将产品的规格限定在一定的范围才能保证销售，产品才有销路，当然龙头企业支付给农户的收购价格也会高于市场收购价。

三、农户利用合作社的中介参与型渠道模式

该模式指的是农户通过一定的组织形式，如通过专业合作社的组织来销售农产品。这种模式能将众多小农户的产品进行集聚，形成一定的数量规模，并通过专业化的运作实现农产品的销售。

由于龙头企业与小农户的协商成本太高，而小农户在与龙头企业博弈的过程中没有话语权，所以通过农户的集体代表——农业合作社或专业协会向外销售农产品，与龙头企业进行博弈，能够增加农户在交易中的优势地位，使农户的利益得到有效的保障。这种流通方式对农户的好处是农户可以通过集体的讨价还价获得合理的销售收入，而龙头企业则降低了收购过程中的协调成本。

四、农户参与企业化生产销售的渠道模式

这类模式主要指反租倒包的农业产业化模式。在龙头企业—农户—龙头企业的流通模式中，通过反租倒包，由农业龙头企业统一租赁农户的土地，向农户支付租金，再将土地承包给农户经营，收获后的农产品由龙头企业统一负责处置。

农产品的下游需求企业通过将农户内化为公司生产者的形式，形成一种新型的与农户的合作关系，从而将农户销售农产品的市场行为转化为农户是涉农企业内的一个生产者，而农产品的销售则成为农业企业产业链上的内部环节。在这种模式下，农户不再是生产经营的主体，而是作为龙头企业的雇工，负责在土地上种植农作物的劳作，根据龙头企业的生产计划进行生产，除了自己的劳动力以外，农户不需要投入任何其他的生产资料，而产出品则全部交由龙头企业进行经营。这种方式的好处是龙头企业对农产品具有全程的控制力，在产品的种类、数量、质量控制等方面具有完全的掌控，能保证龙头企业对农产品的质量要求，而农户则在龙头企业的组织下有计划地生产，不需要自己投入生产资料等，仅仅投入自己的劳动力，收入即为土地的租金收入和劳动力雇用收入，所以农户收入是可以预期而且是具有保障的。

这种模式一方面能保证涉农企业可以随时监控农产品的生产，控制其产品的质量，另一方面这种组织形式能将市场的交易费用转化为企业内部的组织管理费用，变市场交易为组织内交易，节约交易费用。

但在这种模式下，农户对于生产什么、如何生产、如何销售是没有决策权的，农户作为龙头企业的雇用劳动力而投入生产。此时农户既不是生产主体也不是销售

主体，故而不属于本书研究的范畴。本书研究的农户流通渠道选择是以农户具有生产和销售的决策权为前提的。

第五节 农户农产品流通渠道选择的原则和过程

一、不同农产品流通渠道的交易特征

上文所描述的农户参与农产品流通时流通渠道的类型，各具优劣势，不同流通渠道的交易特征不同，图3-5显示了不同渠道模式的治理机制的区别与联系。

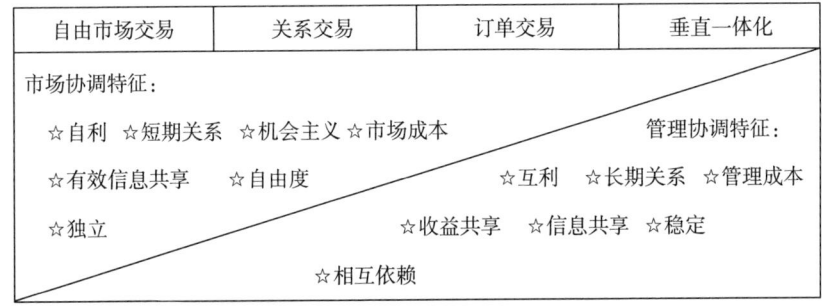

图3-5 不同流通渠道的交易特征

资料来源：改编自 Peterson 等（2001）。

图3-5中，从左到右交易中管理协调的特征越来越明显，交易主体的联系也越来越紧密，而农户的自由度则不断下降。所以，农户就是在这些优势与劣势中进行取舍，进而做出流通渠道的选择。上述流通渠道模式的具体特征见表3-1。

表3-1 不同流通渠道的特征分析

流通渠道安排	主要特征
自由市场交易	一次性交易，交易主体的身份不重要，市价的直接交易，不存在依赖关系，市场上存在可替代的交易对象
关系交易	重复交易，交易者的身份是确定的，市价的直接交易，非正式合约
订单交易	重复交易，交易主体的身份是确定的，远期交易，双方价格进行协商，合约的执行是依靠法律或是第三方协调
垂直一体化	重复交易，交易者的身份是确定的，充分的信息传递，没有市场交换，具有劳动合约性质，冲突通过组织内部解决

资料来源：改编自 Leonardo 等（2015）。

在上述流通渠道分类的基础上，有学者将农产品流通方式抽象分为市场、准市场和企业型（孙天琦和魏建，2000），即将通过流通中介或龙头企业进行农产品流通的方式称为准市场形式。本书依据王晓东（2013）对组织化的定义，即组织化的商品流通渠道表现为渠道成员之间形成了稳定的购销关系，渠道成员之间的联系紧密，将农产品流通渠道抽象化为市场化渠道、组织化渠道和企业化渠道三类。市场化渠道即为上述的自由市场交易，组织化渠道包括关系交易和订单交易的形式，企业化渠道为垂直一体化模式。

二、农户农产品流通的市场化渠道和组织化渠道分类

不同的渠道选择，意味着农产品供应链具有不同的治理模式，通过不同的机制实现交易。本书对农户的农产品流通渠道按照市场化渠道、组织化渠道和企业化渠道进行了分类。企业化渠道模式属于垂直一体化模式，依据企业的内部科层制度，农户的角色属于企业内部雇用制员工，所以不属于本书所讨论的范畴，这样本书所讨论的农户农产品流通渠道即分为两种类型：市场化渠道模式和组织化渠道模式。

1. 市场化渠道模式

农户直接将农产品投放到市场，由农户联系终端消费者或农产品中间商直接进行农产品的销售，按照价格随行就市成交；自由市场交易具有较高的自由度，农户可以自由做出销售的决定，但是交易是基于短期关系，往往会发生机会主义行为，农户的交易没有保证，可能会导致产品滞销或菜烂在地里的情况发生。

2. 组织化渠道模式

农户通过合作社中介联系下游用户或农户将农产品销售给龙头企业的模式，这一类型包括了图3-5中的关系交易模式和订单交易模式。在组织化渠道模式中，下游市场主体与农户之间的关系既非完全的市场化交易关系，也不是企业内部的交易关系，相较于市场化渠道，这种渠道安排的好处是得益于下游市场主体与农户之间形成的相互依赖和长期关系的多样性契约安排，具有较低的交易成本；同时组织化渠道具有较低的内部组织成本，能有效克服农户市场交易效率低下的问题，通过具有一定管理功能的协同，实现纵向结构中各利益主体的互利和长期关系的形成，通过信息共享和收益让利形成利益主体的相互依赖关系，这种渠道模式的建立有助于交易关系的稳定和交易成本的降低，大大提高了市场的交易效率，对于促进农业规模化、产业化、现代化的发展，促进农民收入的稳步增长和推进中国农村现代化的进程都具有积极的意义。

本书在分析农户农产品流通渠道选择时将依据上述农产品流通渠道模式的两分法进行分析，主要理由是遵从经济学研究中常常采用的"删繁就简"原则，对于所研究的客观事实进行高度的归纳和抽象后，将具有同质性特征的事件、事实或事物

合并为一类进行研究,从而有助于发现不同事物和现象背后所存在的潜在同质性,有助于发现事物、事件或社会的共同属性、整体特征和客观规律。本书通过对农户所采用的流通渠道进行全面分析,发现农户的流通渠道虽然可以细分为多种类型,但是如果抽象掉交易对手的类型,仅考虑交易形式,就会发现众多的流通渠道都可以归纳为市场化交易和组织化交易两种类型,故而本书在研究农户的流通渠道选择时,采用市场化渠道和组织化渠道的两分法进行分析,该种分类方法的研究具有其合理性和科学性。

三、农户农产品流通渠道选择的原则

农户在农产品成熟收获后,就面临着将农产品销售出去以获得劳动力的价值补偿的问题,当市场中存在多种流通渠道时,农户需要做出选择何种流通渠道将农产品销售出去的决定。由于不同流通渠道具有不同的交易特征和治理特征,农户选择不同的流通渠道就意味着其要面临不同的约束条件,承担不同的流通成本,农户要在全面权衡之后做出选择,从而实现自身收益最大化的目的。

在考虑农户自身收益最大化原则时,需要说明以下几点:

1. 既要考虑货币因素,也要考虑非货币因素

农户在进入农产品流通市场过程中,货币收益最大化是重要的考虑因素,但是自身收益最大化并不完全一定可以用货币进行衡量,农户需要综合考虑一揽子收益水平,从而实现总体收益最大化,如交易的便利化、交易的确定性、交易的时效性等因素同样会对农户的交易带来正效应,也就会成为农户流通渠道选择需要考虑的因素。

2. 既要考虑当期收益,也要考虑长期收益

农户从事农产品的生产活动,是长期持续性生产,所以,农户农产品的种植、收获、销售是一个持续的过程,农户在农产品流通渠道选择时,不仅会考虑当期收益,同时还会考虑未来流通渠道的收益,因此,当期选择的某一流通渠道也许不是收益最大化的一种渠道类型,但是从长期来看,如果能给农户带来长期综合收益的最大化,农户也会做出在当期看似不理性的选择。当然基于农户机会主义行为的研究假设,并不是所有农户都会从长期收益的视角进行决策,因而农户的行为会呈现出异质性。

基于农户选择农产品流通渠道时所遵循的收益最大化原则,本书认为农户的收益水平受到社会资本和交易成本的约束,社会资本和交易成本不仅会影响农户的货币收入水平,也会影响农户的非货币收入和成本,对于农户的跨期选择具有重要的作用,所以,本书将基于农户收益最大化的决策原则,从社会资本和交易成本角度探讨农户农产品流通渠道选择的影响因素(详见第四章)。

四、农户农产品流通渠道选择的程序

农户选择农产品流通渠道时,依据收益最大化的原则,采用社会资本和交易成本标准对流通渠道的成本、风险和收益进行权衡,对采用的流通渠道进行评价,并做出坚持或放弃某一流通渠道的选择,其选择程序如图3-6所示。

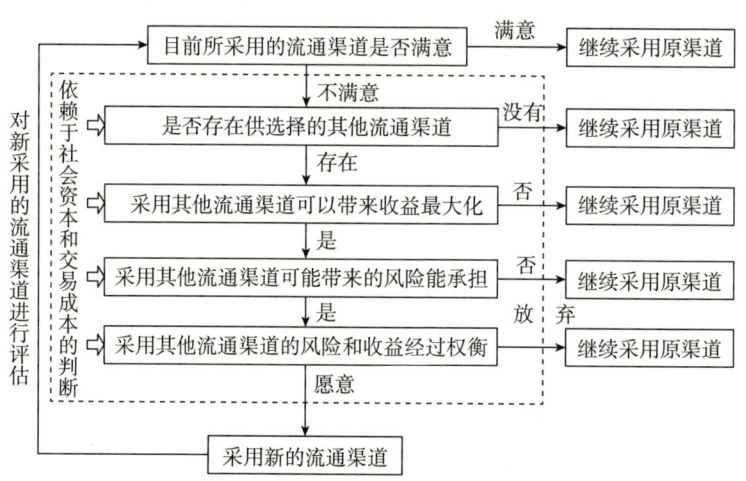

图3-6 农户农产品流通渠道选择的程序

需要说明的是,农户在进行具体农产品流通渠道决策时,也许自己并没有意识到采用了该决策程序,但是依据有限理性人的假设,农户在进行决策时一定会经过一定的权衡程序,而这种权衡程序恰恰就反映了上述的决策过程。

本章首先分析了农户的特征,依据农户理论认为中国农户行为较为符合黄宗智提出的商品化小农特征,进一步指出农户生产经营行为的假设,即有限理性行为、机会主义行为和基于不完全信息的决策,正是基于该假设,农户行为是在有限信息条件下进行的有限理性行为选择,在面临行为选择时农户可能存在机会主义动机,并从农业生产状况、农业劳动力规模、农户收入水平分析了农户生产经营的现状。

针对中国农产品流通模式进行历史考察时,本书仅考察了1949年以后的农产品流通模式的变迁,以改革开放为时间节点,分析了计划经济时期的农产品流通模式和市场化进程中农产品流通模式的特征,讨论了在市场化进程中参与农产品流通的市场主体包括农产品经销大户、农业合作社、龙头企业、批发零售商、粮油公司和国有储备体系,分析了现有的农产品流通渠道模式,并从农户的视角,对农户参与农产品流通的主要模式进行了分析,农户参与农产品流通存在纯市场参与模式、订单农业模式、合作社中介型参与模式和企业化生产销售模式,不同的流通模式具有不同的治理机制,从更多依靠市场协调转变为更多依靠管理协调的手段进行治理。本书将农产品流通模式区分为市场化渠道、组织化渠道和企业化渠道三类。由于企业化渠道的市场参与主体是企业,通过公司化运作进行农产品的生产销售,不满足本书所讨论的农户具有决策权且作为市场主体参与农产品流通的条件。故而本书研究农户进行农产品流通渠道选择时,将基于市场化渠道和组织化渠道两种渠道类型的选择进行分析。本章最后探讨了农户农产品流通渠道选择时遵循的原则和选择程序。

第四章　农产品流通渠道选择影响因素的理论模型

农户可以选择不同的流通渠道参与农产品流通过程，存在一些因素影响农户的选择。所以，需要考察农户流通渠道选择的影响因素，探讨有哪些因素可以影响农户在农业产业化进程中的选择，进而可以采取相应的措施推动农业产业化的进程。此部分仅针对农户的决策而言，即仅从农户的视角进行分析，发现存在哪些因素可以影响农户面对不同流通渠道时的选择，所以并不涉及产业链下游市场主体的决策。虽然影响农户农产品流通渠道选择的因素也会影响其他流通主体的选择，但是在流通渠道构建中所处的环节不同、承担的角色不同，其考虑的主要影响因素会存在差异，所以本书主要从农户的视角进行分析。

第一节　农户在农产品流通活动中的市场地位分析

一、农产品流通活动的特点分析

1. 农产品流通活动属于交易行为

人类所有的社会经济活动可以分为两类：一类是生产活动，体现人与自然的关系，另一类是交易活动，体现人与人之间的关系。交易活动被定义为实体物品的未来所有权在个人之间的让渡与取得（Commons，1936），即对于交易双方而言，一方是将物品的所有权进行让渡，另一方则希望获取物品的所有权，所以交易活动主要涉及商品的买卖过程（当然伴随着买卖行为的发生，还需要有物流、信息流和资金流的活动相配合，才能实现完整的交易行为）。尽管交易市场具有非人格性，成交与否取决于商品且仅仅以商品为取向（韦伯，1997），但由于在交易活动中体现了人与人之间的关系，也就意味着交易双方除了具有一定程度的合作行为，以共同完成商品所有权的转移目的以外，交易双方之间会存在竞争关系，通过买卖双方竞争博弈，卖方希望以更高的价格出售，而买方希望能以更低的价格买入，这样成交价格除了受到市场均衡价格的影响以外，还会受到交易双方市场力量的影响。农产品流通属于普通的实物商品流通范畴，所以其具有交易行为的性质。

2. 农产品流通需要遵循商品流通的基本规律

农产品作为一种商品，进入市场进行交易，就意味着农产品交易需要遵循商品流通基本规律，即遵循等价交换、自愿让渡、供求规律和竞争规律（彭晖，2010）。

等价交换原则是指商品生产者生产的产品通过交换过程实现销售之后，要求从销售价格中实现等量的价值补偿，否则商品生产者无法收回投资，生产将难以为继。在新的经济发展阶段下，等价交换原则就是要求交易双方实行公平交易。公平交易是市场经济的基本原则，其核心是维护买卖双方的基本权益，以达到实现双赢的目的（黄国雄，2016）。所以，在交易中，市场主体依据自身的需求、按照等价交换的原则进行交易，实现交易双方的目的，即卖方实现产品的价值补偿，买方获得商品的使用价值，各取所需，满足各自的交换需要。

自愿让渡原则实质就是保障商品所有权，保障交换双方的经济利益。在完善的市场经济条件下，商品在供需双方之间进行交换，交换的实现并不取决于当事人双方的背景、地位和权力，也不取决于当事人的主观愿望，而取决于交换双方能够等量收回商品价值和能够取得适合自己生产消费或生活消费需要的使用价值，这是保证商品交换得以正常进行的客观要求。自愿让渡规律发挥作用的前提条件是交易发生在不同所有者之间，只有发生在不同所有者之间的交换才存在商品所有权交换的需求；以平等互利为条件，以经济利益为核心，基于这个条件才能保证交易达成是在自愿和公平的基础上进行的。满足上述这些条件基础上的交易才能成为合法交易，才能成为获得、转让、放弃或实现某种权利主张的交易。

竞争规律和供求规律像一枚硬币的两面。在市场经济条件下，存在着竞争规律，买方之间、卖方之间以及买卖双方之间的竞争，导致市场价格围绕价值上下波动，而这种波动直接导致了市场供给与需求的变化，从而进一步导致价格的变化，又引起新一轮市场供求的变化，市场就是在这种价格围绕价值上下波动的过程中运行的。对于农产品而言，同样遵循着上述规律，基于上述规律，农产品市场正常交易，发挥市场机制的作用，保证市场交易公平、有序、稳定的运行。

3. 农产品流通过程受到多种因素的影响

农产品在流通过程中，交易达成受到多种因素的影响，除了流通过程受到商品流通规律的影响以外，还受到多种其他因素的影响。虽然狭义的交易仅仅是指买卖的达成，即只针对商流过程，但是伴随着商流过程的发生，还需要有物流、信息流和资金流的配合，在商流、物流、信息流和资金流的协同下，一笔交易才能完整实现，商品流通过程才能持续。交易主体在选择不同的流通渠道时，受到不同因素的影响，会依据不同的标准进行抉择，主要的依据包括交易成本以及交易主体的社会资本。交易主体为达成交易，在交易过程中会产生各种成本，而不同的交易类型往往会涉及不同种类的交易成本，这些交易成本决定了农户的相机抉择，当其面临多种交易形式选择时,农户会依据以往经验和自身知识水平来判断采取何种交易方式会产生较低的交易成本,从而在农产品流通过程中实现低成本和高收益。但需要注意的是,农户在依靠交易成本进行选择判断的同时,有些行为并不一定反映了交易成本的标准,如农户对于值得信赖的交易对手会以更优惠的交易条件达成交易,这反映了社会资本的作用,社会资本作为一种嵌入人与人之间的非正式制度安排,会对农户的交易行为产生影响。此外,农户的个人特质、农户的生产耕作面积、农户种植或养殖产品的类型、农户所居住的地理位置等诸多因素都会对农产品的流通渠道选择产生影响。

二、农户的市场主体地位分析

1. 农户承担着生产和流通的职能

农户作为农业生产的主体,在农业产业链中既承担生产的职能,同时也承担流通的职能。依据流通经济学的理论,农户如同生产厂商,在完成生产职能以后,只要所生产的农产品具有商品的属性,农户就还需要参与到流通过程中行使流通的职能。其流通的职能表现在农户需要进入市场,购买种子、化肥和农药等生产资料并将其投入农业生产过程中,等到农产品成熟收获后,农户需要将农产品投入市场,不论农户是直接从事农产品的销售还是将农产品交付给农业合作社或龙头企业,其都承担了一定的流通职能,所以农户既从事生产又从事流通活动,具有流通市场主体的地位(见图4-1)。但是,农户在农业生产资料市场进行农资采购时,作为单个的买方,其不具有谈判能力,在一定程度上是市场价格的接受者;而农户在农产品销售市场进行农产品的销售时,作为单个的卖方,也同样不具有在市场中议价的能力,没有产品的定价权。所以,尽管农户承担着生产和流通的职能,但是受制于生产和流通的数量有限,在市场中只是参与者而无法成为主导者,无法扮演核心角色。

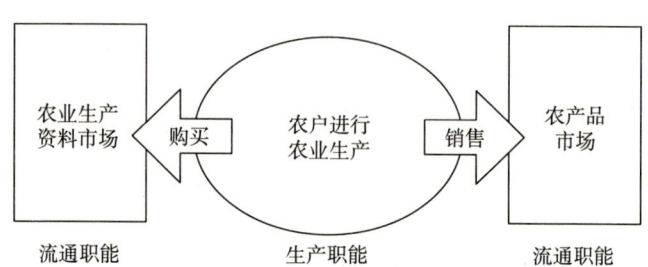

图4-1 农户的市场主体地位分析

2. 农户小农经营的局面仍在持续

农户小农经营局面的形成与我国农村发展的历史进程有关。中国实行改革开放政策以后，率先在农村实行的家庭联产承包责任制使农村的生产经营主体由村集体变为农户，这种制度安排虽然在当时的历史条件下推动了农业生产力的发展，极大地提高了农业劳动生产率水平，却也导致了土地细碎化的局面，限制了农业生产组织的规模化发展。改革开放初期产生的红利释放之后，农业的劳动生产率要想继续提升，就面临着一定的瓶颈制约。在市场化改革大力展开的今天，小农户的生产与大市场的矛盾日益凸显，单个农户小规模交易的局面仍将继续存在，农户不得不继续面临小农经营的困局。虽然政府号召实行家庭农场制度，将农户变身为职业农民，但是由于土地流转等方面的原因，农户实行大规模经营仍然存在一定困难，且农业生产呈现价格波动大、投入高但收入低的特点，也导致了一些农业生产大户将已经承租的流转土地进行退租的现象，所以小农经营仍然是我国农业的一大特点。再加上农户居住分散，集体行动存在着较高的沟通成本，而单个农户的产量不足以和大市场抗衡，因此，农户普遍存在搭便车的现象，无法形成合力，从而无法形成与市场抗衡的力量，所以在与市场的博弈中农户与交易对手具有不对等的地位，交易的不确定性大。

三、农户参与流通活动的特点分析

农户在生产环节具有组织化程度低的特点，在农产品流通阶段也存在同样的问题。农户的生产是一家一户的小农生产，虽然从农业产业化的进程来看，出现了具有一定规模和经营能力的龙头企业，承接农户的农产品进入市场进行流通，但是农产品的流通市场仍然具有组织化程度低的特点，龙头企业仍然以小规模为特征，联系和连接的农户数量有限。

对于农户来说，选择何种农产品流通渠道，除了受制于农户自身的认知水平、能力等一系列因素以外，还受制于整个农产品流通渠道的组织化程度。在调研过程中，部分菜农就反映他们不知道成立合作社的信息，还有一部分菜农反映当地就没有成立合作社，导致他们不得不选择市场化的流通渠道。有的地方虽然成立了净菜公司，可以收购蔬菜，但是由于净菜公司的需求量较小，而且对蔬菜产品的质量要求较高，菜农通过龙头企业进行销售的意愿降低，农户对农产品流通渠道的选择受制于当地农业产业化程度和市场化水平。

所以整体来说，农户参与流通活动仍然呈现出分散、自发、低效的特点，不具有规模化和组织化普遍参与的特性。

第二节 交易成本对农产品流通渠道选择的影响机理分析

一、农产品流通过程中的交易成本分析

自 Coase 将交易成本的概念引入经济学领域以来，经过 Williamson 等学者的发展，交易成本理论已经广泛应用于经济学的理论研究和实践环节中，使人们对市场交易行为的理解具有了新的视角，拥有了新的分析工具，成为对现实社会具有较强解释力的基本理论。

农产品收获后进入流通领域以便实现农产品的价值，这个过程必然伴随着交易成本的发生。通常来说，农产品成熟收获后进入流通过程中的交易成本表现在以下几个环节：

1. 交易前的搜寻成本

假设农户是直接进入农产品市场，而非通过合作社进入市场，那么农户进入市场前，需要寻找合适的交易对手，而寻找交易对手的过程中就需要进行信息的搜寻，这个过程中就会发生信息成本。

所有市场交易都存在信息不对称的现象。交易主体的私人信息不会完全被交易对手所知晓，也不愿意被交易对手所知晓。但是这种信息对于某一特定事件的决策者而言，作为有助于决策者选择行为方式的知识和经验都是有用的信息，通过有用信息的获取可以减少行为的不确定性，降低行动者所面临的市场风险。如果人们能够获得全部的有用信息，则交易就在信息透明的状态下达成，就可以完全消除风险，从而保证决策效果的最优。但是在现实世界的各种交易活动中，信息不完备、不对称是客观存在的，拥有信息资源的多寡，直接影响微观主体能否在市场竞争中取得优势地位，也会影响商务活动交易效率和资源配置效率。任一市场主体所掌握的经济信息可分为公共信息和私人信息两部分。对于交易的双方来说，虽然公共信息是公开的，但由于信息获取能力和信息解读能力不同，利用公共信息进行决策时会做出不同决策，加上当事人双方各自拥有自己的私人信息，就形成了信息不对称。其中，持有较多公共信息和私人信息的一方具有信息优势。所以，交易各方都尽量隐藏其私人信息，并且希望发现交易对手的私人信息，从而有助于做出决策。在市场交易过程中，买方有很多隐藏的特征，这些特征会对买者的支付意愿产生影响，但是卖方却无法掌握；卖方也有很多隐藏信息，这些特征会影响供给方面的决策，但是买方却不了解这些信息，所以交易双方都只能通过自己搜索信息，或者通过多次重复交易来掌握信息状况。因此交易各方在进行交易决策时的信息是不完全的，信息获取需要花费成本，而且还面临着约束条件，交易各方无法获得决策所需要的所有信息。

市场主体获取信息面临的约束条件包括：

（1）信息搜寻成本的约束。信息获取具有经济成本，而且信息搜寻是一个成本递增的过程。信息成本包括时间成本和"鞋底"成本两个部分，即信息搜寻所耗费的时间以及交通成本和其他查寻费用。由于成本因素制约，市场主体在进行信息搜寻决策时，需要进行成本和收益分析，当信息搜寻所涉及的预期收益很小或者是即使存在着未知信息，但是未知信息所带来的风险损失很小时，行为者通常不会在信息搜寻方面付出太多努力；而当不确定性所涉及的经济利益较大或通过搜寻所带来的收益较大时，则必须进行信息搜寻，以降低风险、减少损失，但搜寻的范围和次数要控制在一定的限度内，因为无限度的信息搜寻尽管会减少风险损失，但由此而引起的信息成本激增可能会使搜寻活动所获收益不经济，造成信息搜寻的成本过大，所以，信息搜寻只能是适度的，以确保信息成本控制在可接受的限度内。这样，成本因素就构成了信息搜寻边界的一个约束条件。

（2）信息显示时滞的约束。信息的获取除了受到成本的约束以外，还受到时间限制，主要表现在某些信息的显示具有"时滞"特性，只能在交易行为发生后才能表现出来，而在交易前很难加以识别。例如，商品的非价格信息，如质量、效用、特性等特征信息，特别是对技术商品或服务产品而言，其性能在交易前是难以准确衡量和判断的，而在交易达成后通过使用才能感知产品的特性以及与购买者需求的匹配度，这样事后获得的信息对交易者决策来说，是木已成舟，只能是事后诸葛亮，尽管对于购买者以后的决策行为还是会有所帮助，但是对于当期的决策是无济于事的了。

（3）交易者有限理性的约束。除了由于信息搜集成本无法获得能帮助完成交易的所有信息以外，交易者无法获得全部信息的另一个重要原因在于市场主体信息处理能力是有限的。市场主体即使能够获得有用信息，也可能因缺乏对有效信息进行合理选择、准确判断和合理分析的能力而无法有效地筛选、甄别和使用，所以人类认知能力的局限性将始终使信息供给受到约束。

综上所述，农户作为市场主体进入市场时，需要进行信息搜寻的工作，搜寻的信息包括农产品的市场交易价格、市场交易数量以及交易对手的信息等，这所有的信息均需花费信息搜寻的成本，同时由于搜集来的信息无法被全面解读，农户的交易不会达到完全最优的状态。

2. 交易中的谈判和签约成本

当农户找到合适的交易对手以后，交易双方要为达成交易契约进行议价、协商、谈判并做出决策。在针对交易条件进行谈判时，包括交易的数量、质量、付款条件和物流条件等所有的信息都需要与交易对手进行讨价还价的谈判，经过谈判对交易主体的权利与义务进行规定，最终达成契约，明确规定契约中的产品信息、质量约定、物流方式、货物交割时间和方式等。这个谈判的过程就是一场费时费力的战斗，农户与交易对手在谈判过程中不断地博弈，期望获得交易对手的私人信息，从而在交易中保持有利地位。所以在农户与交易对手针对交易条件进行交涉的过程中存在时间成本、协商成本和签约成本。

3. 交易后的监督和履约成本

交易双方签订契约之后，为了预防交易对手因市场条件变化或其他因素出现机会主义行为从而导致违背契约的现象发生，需要于契约签订之后，在契约执行过程中进行监督，而监督过程所付出的时间、人力、资金成本便是监督成本。即使在交易过程中达成了交易，实现了商流过程，但是在交易达成后还存在履约成本，这个成本包括商品实现物流过程需要耗费的成本，即为了解决履约过程中由于不完全合约所发生或存在的其他问题而产生的成本以及为了确保交易契约得以兑现而可能需要付出的成本。

所以，如果不考虑农户的生产成本，从流通环节来看，农户在流通环节进行交易所发生的总费用是 $C_{交易成本} = C_{搜寻} + C_{订约} + C_{履约}$，包括市场信息费（购买报纸杂志费用、电话费、咨询费等），订约费用（签合同的费用、差旅费、产品运输费、商品质检费、销售费用和罚款等），履约费用（人情费用、违约和受欺诈的损失、处理纠纷的费用），从农户个体来看，其流通环节的交易成本是高昂的，而全体农户的交易成本就是单个农户交易成本的总和。

所以，在整个农产品流通过程中，农户为了达成交易和履约交易需要承担交易成本，有时交易成本还较高，对农户的收益造成了影响。

二、农产品流通中交易成本对农户流通渠道选择的影响机理分析

依据 Williamson 的交易成本理论体系，市场主体的行为是基于交易成本最小化的原则而采取的决策，交易成本最小化就意味着市场的有效性（Kemp，2006）。

农产品在流通过程中涉及交易前、交易中和交易后的交易成本。不同的流通渠道交易主体不同、交易方式不同、交易条件不同，会导致交易成本存在差异，基于此，农户在选择流通渠道时会根据交易成本的不同而做出不同的选择，所以农户流通渠道选择的重要影响因素之一就是交易成本的差异。

本书第三章虽然分析了农产品流通渠道的多种方式，但是基于对农户实践的调查，发现目前农户主要选择的流通方式仍然是直接面向市场或采取农户—公司、农户—合作社的形式①。所以本书主要讨论两种类型的农产品流通渠道：一类是农户直

---

① 也有学者研究农户—合作社—龙头企业的模型，本书因为是基于农户的视角进行研究，所以将龙头企业与合作社统一看作组织化的交易形式，一并进行讨论，而合作社与龙头企业的合作机理，作为农业产业链的下一个环节，并不是本书主要讨论的内容，所以本书将农产品的流通渠道简化为两类。

第四章　农产品流通渠道选择影响因素的理论模型

接面向市场，另一类是农户通过组织化的形式进行交易。农户选择直接面向市场进行农产品的销售，无论其是直接在田间进行农产品的销售，还是将农产品运至农贸市场或批发市场，均由其直接面向市场进行销售，简称为市场模式。农户通过组织化的形式面向市场，指的是农户通过农业合作社或龙头企业进行农产品的销售。而本书对龙头企业的界定并没有依据农业农村部所设定的规模，只要是以企业化形式进行经营的涉农企业，本书均称为龙头企业。所以，后文讨论农户的农产品流通渠道选择时将基于这两种模式进行。市场化的交易形式和组织化的交易形式可以看作相互替代的治理结构，农户具体采用哪种形式，取决于不同形式的流通渠道在不同治理结构下所产生的交易成本高低以及后文将讨论的社会资本的影响。

在任何交易过程中，都存在交易前、交易中和交易后交易成本，而这三个环节交易成本的高低受到交易成本的三个维度，即交易的不确定性、资产专用性和交易频率的影响，部分学者基于这三个维度的交易成本对农户行为进行过研究，如 Vernimmen 等（2000）。这三个因素决定了农产品交易的形式及交易成本。本书所讨论的交易成本是指农户的产品只要进入市场就会面临的成本，具有一般性的特点，交易过程中存在高的交易成本就意味着农户需要付出更多的时间、精力甚至资金来建立交易关系（徐健等，2010），以便保障农产品的顺利销售。所以，交易成本对农户流通渠道的选择具有重要意义。而农户在进行流通渠道选择的过程中，交易成本的上述三个因素发挥着重要的影响作用。

1. 交易的不确定性对农户流通渠道选择的影响

农产品流通的不确定性来自三个方面：市场的不确定性、技术的不确定性和收益的不确定性。

（1）市场的不确定性。市场不确定性是指农产品交易环境的多变和信息不对称导致的农产品交易主体行为的不确定性而引起的交易不确定性。由于农产品交易环境变化莫测，农户进行交易时所面对的交易环境与先前预计或签约时所预测的环境相比发生变化，这就会导致农户交易时面临不确定性，这种不确定性的增加会导致农户交易成本的增加。由于存在信息不对称和信息不完全，交易主体行为决策存在不确定性，农产品流通中交易对手面对交易环境的变化会相应地采取机会主义行为来避免自身的损失，这就会导致农户的交易成本增加。此外农户无法预测农产品市场供需状况的波动和变化，由于无法预测需求变化，农户无法准确预测和安排生产，从而使农户的生产呈现盲目性（Parmigiani，2007），市场需求变化导致农户产品的积压滞销，引起农户的交易成本增加。上述交易成本的增加是农产品流通市场的不确定导致的。而农产品销售通常发生在有限的地域空间范围内，即农户的销售行为受到市场范围的制约，所以当农户面临市场不确定性时，进行风险对冲的机制和手段十分有限，只能面对较高交易成本的发生。

农户面对不同流通渠道选择时，针对市场不确定问题，农户会考虑两种渠道模式下哪种渠道模式在缓解市场不确定性问题上具有优势。农户直接面向市场时，农户的有限理性限制以及信息搜集的成本，导致农户没有技术工具和研究水平对市场进行有效分析，农户的生产具有盲目性，从而导致农产品生产呈现蛛网状态，农产品供求失衡状态频繁出现。而农户通过龙头企业进行农产品销售时，其就享有了组织化的优势，龙头企业通过其专业化的团队，能获得大量的市场信息的来源，从而广泛收集各类供求信息，同时龙头企业具有广泛的市场渠道，对于农户所生产的产品能及时通过组织渠道进行销售。所以，农户选择龙头企业的组织化渠道有利于降低农户的市场不确定性所带来的交易成本的影响。

(2) 技术的不确定性。技术的不确定性是指由于存在农业生产技术进步的可能性，农户目前生产所采用的技术过时，或者由于存在不同的技术模式，农户在起始阶段选择所采用的技术时无法判断哪一类技术是最优的（Robertson & Gatignon, 1998），农户选择了其中一类技术而放弃其他类型的技术导致了选择的失误。这样的不确定性来自技术的不确定性，从而导致交易成本的产生。例如，农业种植品种不断更新换代，培育出的新品种虽然具有高产量高抗虫害的特性，但农户已经选择种植原有品种，这就会导致农户进入市场的产品存在成本高品质弱的状况，而这种状况短时间难以改变，进而导致农户的技术选择出现风险，导致农户产品在市场上缺乏竞争力，从而出现较高的交易成本。

农户与龙头企业合作，有利于降低技术不确定性给农户带来的风险。龙头企业具有相应的技术人员以及专业化的研发和营销团队，其掌握了市场上对某类农产品的品类需求信息，且龙头企业出于企业发展的需要，开设了农业示范园区，通过示范园区的作用，对农户进行教育，农户通过对示范园区内农产品种植的操作流程和操作规范进行学习，一方面能满足消费市场对产品品质的需要，另一方面也能满足龙头企业对品质管理的需要，可以通过龙头企业的渠道进行农产品的销售，从而在一定程度上缓解技术不确定性带来的影响。如陕西野森林食品有限公司在全国各地联结了众多的农户，通过对农户生产过程中关键节点进行技术指导，对农户选种、施肥等环节所需要的农资进行市场调研后选择品牌提供给农户作为购买的参考，这就有利于农户克服技术不确定性所带来的问题。

(3) 收益的不确定性。收益的不确定性是指收益的复杂性和难以测量（Mols, 2014），特别是由于信息的不对称，收益难以观察和测量，而农户的生产成本不固定，农户的能力和努力以及投入的贡献测度都是不准确的，所以农户收益不确定性的增加提高了收益预期和衡量的成本，也使机会主义行为难以被发现。收益越难测量，交易主体就越有动机实行机会主义的冒险（Barzel, 1982）。

农户在面对收益不确定性时，无法确定其种植农产品的种类和数量，特别是在农产品生产过程中，还需要大量的农业投入，面对收入的不确定性，农户常常无法做出投入和产出的决策，为了降低农户收益不确定性的影响，龙头企业一般会与农户签订保底价收购的协议，如果市场价格低于所签订的保底价，龙头企业会按照保底价进行收购，如果市场价格高于保底价，龙头企业会按照比市场价格稍高的价格跟农户进行交易，所以对于农户来说，其收益的不确定性就降低了，起码农户的收益已经按照保底价锁定了。所以，农户通过与龙头企业进行交易能在一定程度上保障收益，降低收益不确定性给农户带来的风险。

交易成本中不确定性的大小取决于有限理性以及机会主义倾向。而最终不确定性对交易成本的影响是通过农户的决策行为表现出来的。如果农户面对不确定性环境做出某一项决策，这项决策对农户的生产经营造成不利影响，则导致农户由于交易成本过高而出现收益的损失。所以，对农户来说，需要考虑的是如何能通过流通渠道的选择行为降低不确定性对其的影响，从而保障其自身的收益。通过上述分析可以发现，农户面临交易不确定性时，通过与龙头企业进行组织化形式的交易有利于降低交易成本，降低不确定性带来的损失风险。

2. 资产专用性对农户流通渠道选择的影响

在现实生活中，资产专用性具有重要的作用。交易中资产专用性投资是交易成本经济学中重要的维度之一。由于交易的不确定性、市场主体的有限理性以及交易中可能存在的机会主义行为，资产专用性特征被广泛研究。

农业生产环节的资产专用性是指农户所拥有的某一资产用作他用时的价值，反映农户资产能被其他使用者或是其他用途所使用的程度。当农户资产在某种用途上使用的价值大于在其他用途上使用的价值时，则该资产具有专用性的特征。一旦形成专用性，则农户所拥有的该资产就进入了锁定状态，如果该资产用于其他用途的价值越低，越不容易被其他市场主体所使用，该资产的专用性程度就越强，资产就变成了单一用途的资产，其用途很难改变或改变的成本很高，所以该资产具有专用的性质。资产专用性包括农户种植养殖场地专用性、农户耕种养殖所需物资资本的专用性、农户人力资本的专用性、品牌资产的专用性、指定性专用资产的专用性和时间的专用性等。资产专用性程度越高，其对农户参与市场的交易成本影响就越大，改变专用资产用途所发生的交易成本就越大。

本书认为在农户的资产专用性投入方面，主要存在土地的专用性、物资资本的专用性、人力资本的专用性。

（1）土地的专用性。在我国目前的农业经营模式下，农户所耕种的土地作为最基本的生产资料，不仅数量有限，而且使用时具有较强的约束条件：一方面，由于我国实行严格的土地用途管制制度，对基本农田实行特殊保护政策，严格控制农用地使用的改变，所以农地投资很难转作他用；另一方面，近年来国家各部门出台了多部有关农业生产区域布局的文件,如国务院印发《全国主体功能区规划》①和《全国国土规划纲要(2016~2030年)》②,农业农村部印发《全国优势农产品区域布局规划(2008~2015年)》③和《特色农产品区域布局规划(2013~2020年)》④,上述文件对我国各地区的土地功能和规划布局进行了全面规定,各地方政府也纷纷推出了有针对性的农业主产区规划,不同主产区具有区域间产品种类的差异性和区域内产品种类相似性的特点。这是农业生产地域差异和地域分工的一种具体体现,同时也是专业化生产的需要。所以,在主产区内的农户想要改变土地耕种产品的类型具有一定的难度,同时也是不经济的。主产区内的农户可以享受到产业集聚带来的经济效益的增加,通过合理利用各种社会资源,提升农业生产的专业化、市场化和产业化水平。因此,农户的土地具有专用性。

土地的专用性意味着农户进行专业化生产,实现农业生产、经营和流通的规模化发展,生产越具有专业化,农户的劳动生产率越高,生产成本越低,产量越高,意味着农户的商品化水平就越高,而农户产出的数量越多。对于小农户而言,小农户需要花大力气将所产产品全部销售出去,花费的成本较大,加大了农户进入市场的交易费用,导致农户面临较大的不确定性和市场风险。在这种情况下,农户通过组织化的渠道可以转移风险,有利于农户的产品尽快进入流通过程的下一个环节,从而规避市场的不确定性波动。

(2)物资资本的专用性。物资资本的专用性表现为农户所使用的劳动工具和所生产产品的专用性。农户所使用的劳动工具的专用性表现为农户为生产某种农产品所购买的专用生产工具和设备,如果不是通用性设备,这些设备和工具很难用于其他农产品的生产中,投资的流动性趋于高度无弹性(包玉泽,2005)。此外,随着农户生产规模的扩大,农户对于劳动工具的投入会进一步加大,导致农户物资资本的专用性进一步加强,如果农户改变经营决策,会导致物资资本投入的沉没成本增加,从而进一步强化了资产的专用性。产品的专用性则主要体现在产品的自然属性和市场属性方面(蔡建华,2011)。自然属性针对的是农产品本身所具有的客观特性,与农产品的种类有关,由于某些农产品的种植养殖规律对土地、气候、光照条件等自然条件要求较高,某些地方具有适宜该农产品生产的环境,则该产品种类就具有专

---

① 中华人民共和国国土资源部. 国务院关于印发全国主体功能区规划的通知 [EB/OL]. [2016-06-09]. http://www.mlr.gov.cn/xwdt/jrxw/201106/t20110609_877043.htm.

② 国家林业局. 国务院关于印发全国国土规划纲要(2016~2030年)的通知 [EB/OL]. [2017-02-04]. http://www.forestry.gov.cn/main/4815/content-944673.html.

③ 中华人民共和国农业农村部. 全国优势农产品区域布局规划(2008~2015年)[EB/OL]. [2018-09-12]. http://www.moa.gov.cn/zwllm/zwdt/200809/t20080912_1132619.htm.

④ 中华人民共和国农业农村部. 特色农产品区域布局规划(2013~2020年)[EB/OL]. [2016-05-19]. http://www.moa.gov.cn/fwllm/tpgj/zcgh/201605/t20160523_5146633.htm.

用性。市场属性是指产品在商品市场上表现出来的专用性。如果农产品具有季节性或易腐性的特点，那么在农产品的收获季节若成熟农产品没有及时销售出去，易腐性就决定了在产品腐烂变质之后，产品的价值基本消失，农户前期投入的所有人力物力财力无法收回，如菜农种植的生鲜蔬菜不耐储藏，对销售的时效性要求较高，这样的农产品就具有较强的市场专用性，而果农生产的果品通过一定的方式可以保存一定的时间，使收获时点与销售时点之间可以存在时间差，所以这类农产品的市场专用性较弱。

物资资本的专用性越高，意味着农户调整生产决策的难度越大，对市场销售的时效性要求越强，产品在市场上销售所需要满足的条件越高，销售完成的时间要求越紧，越不容易在市场上销售，这样农户通过组织化的形式进行销售有助于降低农户的交易成本，降低物资资本专用性所带来的不利影响。

（3）人力资本的专用性。农户的人力资本是农户在实践过程中长期积累的经验以及通过有目的的培训所形成的特定技能。农户在农产品生产过程中长期形成的经验技能，仅适用于某种特定农产品的生产，不少农产品的生产方式和经验不具有迁移性，如生产大宗农产品和生产经济作物，由于种类不同、种植要求不同，就需要有不同的经验和技能，这就导致了农户具有人力资本的专用性。

农户人力资本专用性越高，越容易被锁定在一种种植惯性中，不会轻易改变农产品种植的品种。如果农户调整农业种植的结构或改变经营决策，农户人力资本的代价更大。而农户通过长期生产经营所获得的专业化生产知识有助于农户生产效率的提高，依据亚当·斯密的分工理论，劳动分工导致专业化生产，就必然决定了农户从事自己所擅长的农业生产是最具有效率的一种分工形式，所以，具有高人力资本专用性的农户更倾向于采用组织化流通渠道。特别是对于供应保鲜期短、易腐、运输成本高、附加价值并不很高的蔬菜种植农户来说，受到资产专用性的影响，农户在交易中可支配和运用的权力有限，导致经营风险加大，所以希望和组织化的流通主体进行合作，对组织化的流通渠道的需求也更强烈。

另外，从农户的交易对手——组织化的流通渠道主体来讨论，当农户存在较高资产专用性的情况下，无论是农业合作社还是龙头企业均有动机降低农户资产专用性带来的交易成本，并自觉增强对农户资产专用性的投资，从而增加与农户关系的黏性，强化与农户的关系。如西安恒绿科技有限公司作为西安最大的净菜生产企业之一，其在开展经营的过程中，自建玻璃大棚免费提供给农户使用。在某类蔬菜的推广种植期间，为了鼓励农户生产高附加价值的农产品，企业免费提供种子、化肥等生产资料，从而避免由于农户资产专用性约束而出现的替代交易成本高的现象（董晓波和常向阳，2016）。同时，合作社或是龙头企业一般会将产品进行注册，申请一个注册商标，并获得名牌商品称号，其进行品牌的无形资产专用性投资，有助于农户的产品在市场上进行推广,并通过投资建设检测车间,按照种植标准和技术对商品进行农残检测,来保障农产品的食用安全。所以,对于合作社或龙头企业这类组织化流通主体而言,其具有强烈的动机对农户进行资产专用性投资,从而降低农户进入市场的交易成本,降低农户资产专用性约束。

综上所述,如果农户资产专用性水平不高,市场就成为有效的治理机制。而对于资产专用性较高的农业生产经营户来说,为了减少资产专用性带来的交易费用的增加,其更希望采取组织化的形式来代替市场交易。

3. 交易频率对农产品流通渠道的影响

交易频率是指在一定时间范围内交易主体发生交易的次数。由此,交易可以分为一次性交易、偶尔进行的交易和重复发生的交易(费方域,1996)。

通常来说,在一定时间内反复而频繁的交易,意味着农户为了确保交易顺利执行,减少交易主体的非理性行为,需要与交易对手反复进行信息搜寻、交易谈判以及履约条款的交涉,在产量一定的情况下,如果交易频率增加,农户的总交易费用将增加,农户的交易成本将提高。但是如果农户是与同一交易者进行反复和频繁的交易,那么农户的交易成本将下降,因为农户与同一交易对手的反复交易就意味着农户交易中所发生的很多交易费用将省略,如农户不需要再经过信息的搜寻、交易谈判等环节,并且能够与交易对手形成关系型交易,在以后每次的交易中都会遵循与交易对手进行第一次交易经谈判而达成的协议内容同样的规则,虽然以后每次的交易会有一些交易条件的变动,但是除了第一次交易具有较高的交易成本外,以后交易的交易成本将下降。对于生鲜蔬菜类生产农户来说,这种经常性的交易是一种常态,因为很多生鲜蔬菜的产出是有一定收获周期的,就像韭菜要一茬一茬地收割,收割一茬后就要进行销售,等新一茬产品成熟,又要进行新一轮的销售。所以,如果农户与同一交易主体进行经常性的重复交易,除了可以降低信息成本和磋商成本以外,还有利于降低机会主义行为倾向(Wu & Choi, 2004),有助于降低交易成本。

由于农户农产品的产量是一定的,即在农户种植面积一定的情况下,农户的产量大致可以确定,此时如果农户能够一次性大量交易的话,那么农户的交易成本会显著下降,农户只需要与少数的潜在交易对手进行信息的搜寻、交易条件的谈判以及履约,就可以完成农产品的销售。

所以,通过单次大量集中进行交易的方式,能稳定、协调上下游交易关系,保证交易的安全性,减少产品在市场交易的次数,有利于通过交易的规模经济提高交易的效率,从而降低交易成本。

此外,如果农户是大种植户,在产品产量大且稳定的情况下,农户就需要大量交易,种植面积越大,农户进入市场的产品越多,农户越需要利用组织化的渠道进行农产品的销售,农户无论是与同一交易对象进行长期稳定频繁的交易还是大批量

第四章　农产品流通渠道选择影响因素的理论模型

进行单次交易，都有利于农户的产品尽快进入流通渠道，缩短收获的农产品在生产环节滞留的时间，降低销售的不确定性，从而降低交易成本。

基于以上交易成本对农户流通渠道选择的影响分析，提出以下研究假设。

H11：农户交易的不确定性程度越高，越有利于农户利用组织化的渠道进行农产品的销售。

H12：农户的资产专用性越强，越有利于农户利用组织化的渠道进行农产品的销售。

H13：农户的交易频率越大，越有利于农户利用组织化的渠道进行农产品的销售。

第三节　社会资本对农产品流通渠道选择的影响机理分析

社会资本在农户选择农产品流通渠道过程中发挥着重要的作用，主要表现在社会资本会作用于农户流通渠道选择。下文将分析社会资本对农户流通渠道选择的作用机理。

一、农户的社会资本分析

1. 社会资本的界定和分析维度

通过第二章文献综述部分对社会资本概念的分析可知社会资本具有众多的概念和界定，不同学者出于不同研究目的和不同研究问题对社会资本进行了广泛的研究，基于不同的学科特点，社会资本概念形成了多元化态势，包含不同的界定和分析层次，具有丰富的内涵和外延，并没有形成统一的共同认知范式。但是不少学者对社会资本概念的界定具有相似性和包容性，在一些基本认识上存在某些共识，如信任、网络、规范等概念属于社会资本的定义范畴。

总体来说，社会资本有以下几种典型的理论，即布迪厄的"社会关系网络理论"、科尔曼的"社会结构理论"和帕特南的"信任、规范和网络理论"，在此基础上众学者纷纷拓展了社会资本的研究，出现了波茨的"社会资本嵌入理论"、伯特的"结构洞理论"、林南的"社会资源观"等。目前应用较广的理论是 Nahapiet 和 Ghoshal（1998）的理论，他们指出，社会资本是可以通过个人或社会单元所拥有的网络关系中获得的实际和潜在资源的总和。社会资本具有三个衡量维度，即结构维度（Structural Dimension）、关系维度（Relational Dimension）和认知维度（Cognitive Dimension）。这三个维度可以从不同视角全面描述社会资本。

结构维度社会资本是指各行动者之间连接的所有模式，即行动者能和谁产生联系以及如何产生联系。结构维度最重要的方面就是行动者之间网络连接存在与否以及描述连接模式的网络结构和形态,如关系、网络密度、网络互联、网络分层和可供专用的组织,换句话说就是为了某一目的而构建出来的网络能被其他行动者所使用。

关系维度社会资本是指通过关系创造和发挥作用的资产,具体表现为信任和信用、规范和约束、义务和期望、同一性和身份认同。

认知维度社会资本是指成员间共同理解的表达、解释和意义系统的那些资源,包括共享的语言、代码和共享的描述方法。

Nahapiet 和 Ghoshal 对社会资本三个维度的划分在学术界产生了重要影响,成为许多学者研究框架的理论基础。众多学者运用该社会资本的三分法对不同问题进行了研究,如 Tsai 和 Ghoshal(1998)针对跨国公司内部各事业单位进行研究时发现,社会资本的结构、关系和认知三维度对资源交换、进而对产品创新具有显著影响。Presutti、Boari 和 Fratocchi(2007)研究了国际化新创企业的社会资本对海外知识获取的影响,结果表明结构社会资本对知识获取具有正向影响,而关系维度社会资本和认知维度社会资本则对知识获取具有负向影响。Castro 和 Roldán(2013)则对社会资本三个维度对国际市场份额的影响进行了研究。

国内的研究中,同样涌现了很多基于 Nahapiet 和 Ghoshal 研究范式的研究成果,柯江林等(2007)在经典的结构、关系和认知三维框架下,开发了企业 R&D 团队社会资本的测量方法,并研究了社会资本的各维度与企业团队效能之间的关系;戴万亮等(2012)则研究了社会资本三个维度对产品创新的影响作用机理;张樱(2016)运用上市公司的样本研究发现,结构型社会资本、关系型社会资本与认知型社会资本对企业研发投资具有显著的正向影响。

依据上述文献的研究成果,本书将沿用 Nahapiet 和 Ghoshal 对社会资本的三分法,对农户的社会资本进行分析。

2. 农户社会资本的界定和分析维度

农户社会资本的定义也具有多样性的特点,现有有关农户社会资本的研究大多聚焦于农户在一个组织中的角色,以及农户在组织中获取资源的能力,但是基于中国农村的特点,农户小农生产的格局没有大的改善,农户社会资本的来源主要仍然是农户的关系网络,所以,本书的研究将主要基于农户个体所拥有的社会资本进行分析。我们借鉴 Nahapiet 和 Ghoshal(1998)的理论,将农户社会资本定义为,嵌入在农户所拥有的关系网络中,通过关系网络可获得的,或来自关系网络的实际和潜在资源的总和。农户的社会资本同样具有三个维度,即结构维度、关系维度和认知维度。

3. 农户的社会资本特征分析

社会资本在农户的生产经营过程中发挥着重要的作用,农户社会资本具有以下特征：

（1）无形性特征。社会资本不同于其他物资资本，如种植大棚、农机具、种子、化肥等实物资本，这些实物资本是有形的，能为农户使用，而社会资本是农户所拥有的一种无形资本，其通过人与人之间交往表现出来，虽然看不见、摸不着、说不清，但是可以意识到、感觉到、领悟到，并能通过农户生产经营活动发挥作用。所以，社会资本被认为是继物资资本、人力资本之后对经济活动发挥作用的第三类资本形态，是一种可有意进行投资并在未来可获得预期回报的长期资产。

（2）不可耗竭性特征。作为一种无形资本，社会资本和人力资本一样，具有不可耗竭性的特征。社会资本需要投资和维护，虽然不一定是资金方面投入，但至少需要时间和精力的投入，越多使用社会资本，社会资本的积累就越多，越有利于社会资本的使用，所以社会资本具有正反馈的作用，社会资本越多的人就能积累越多的社会资本，社会资本就越能为拥有者使用。

（3）嵌入性特征。农户的社会资本要嵌入一定的社会结构中，即社会资本需要农户与其他社会主体发生各种关系和联系才能发挥作用，单独一个农户是不具有社会资本的，需要将该农户放入社会联系中其才具有社会资本。这点与物资资本和人力资本不同，农户只要拥有了劳动工具就能利用自己的人力资本进行生产活动，所以物资资本和人力资本是内在于个体的，可以单独发挥作用，而社会资本无法由个体单独发挥作用。Portes（1998）认为"经济资本体现在人们的银行账户上，人力资本存在于人们的头脑中，而社会资本内生于人们的关系结构中。一个人要拥有社会资本必须要与其他人有联系"，故而《鲁滨逊漂流记》中在那个孤岛求生的鲁滨逊是无法发挥社会资本作用的，此后"星期五"的出现才使鲁滨逊可以运用社会资本，所以在鲁滨逊生活的单人社会中不会存在社会资本，或者说社会资本因为没有与他人发生关系而无法发挥作用。

（4）网络性特征。农户社会资本具有的网络性特征表现为，农户生活在一种社会关系网络中，通过该种社会关系网络的作用积累社会资本并发挥作用。中国农村仍然处于传统模式中，几千年来，在中国传统农村中形成的，建立在血缘、族缘、地缘等基本人际关系基础上的社会关系网络具有深厚的历史积淀，且仍然发挥着作用。传统农村中的宗法观念，如费孝通所描述的熟人社会会形成"差序格局"（费孝通，2004），中国农村的社会关系如一块石头扔入水中形成的波纹，一圈圈推出去，越推越远，也越推越薄，以己为中心，亲疏有别，越靠近中心的圆圈范围内，人与人之间的关系越紧密，信任感越强，离中心越远的圈子中人与人之间的关系就越远，信任度就越低。所以，农户的社会资本具有网络特征，网络内的个体联系紧密，彼此依赖和彼此需要，并且个体通过长期信任和合作，在网络中寻求生存和发展的依靠。所以，农户社会资本依靠社会网络发挥作用。但是中国农村所具有的宗法观念，导致社会资本的嵌入具有较强的区域和亲缘特征,在家族和亲缘之间,彼此间的社会资本容易建立,而与陌生人交往时,彼此之间的信任和合作关系较难建立。韦伯(1999)指出"在中国一切信任、一切事业关系的基石明显地建立在亲戚关系或亲戚式的纯粹个人关系上",农村长期存在的这种社会资本倾向对于农村发展市场经济是不利的,不利于形成更广范围内的社会联系。

4. 农户社会资本的变迁

随着城市化进程的加快,农业人口发生迁移,农户的社会资本也发生了一些新的变化。

(1)传统的社会资本结构在逐渐发生变化。费孝通(2004)指出"以农为生的人,世代定居是常态,迁移是变态",在中国长期形成的农耕社会中,农民的迁徙性较小,农民基本上世世代代在一个地方定居生活,活动半径很小,于是就形成了熟人社会,社会资本保持基本稳定,具有明显的同质性倾向。而中国改革开放政策实施以来,农民的迁移性大大提高,农户的社会半径不再是围绕村庄这样一个小的圈子,农户进城打工,离开了祖祖辈辈生活的乡村,这样长期积累起来的社会资本就已经不能适用于新的社会环境,需要形成适应新形势的社会资本,而出门打工的农户积累了新的社会资本以后,再返回农村或回乡探亲过程中,都会对原有乡村的社会资本存量造成冲击,迫使社会资本形态发生变化,所以农户的社会资本结构在逐渐发生变化。

(2)农户的社会资本面临着旧的秩序被打破,而新的秩序还未能充分发挥作用的困境。传统农村由于流动性小,容易通过乡规民俗的形成,树立农户间非正式制度的约束,传统的乡绅阶层作为农村中具有较高道德水准的群体,对于农村基本社会秩序的维持起着一定的作用。中华人民共和国成立以后,乡绅阶层已经消失,由于农村实行计划经济,农户对自己生产什么、生产多少缺乏自主性,所以社会资本基本没有用武之地。但是改革开放以后,传统的乡村治理模式已经被打破,新的乡村治理模式虽然已经建立,但是由于市场经济的冲击,乡村农户的流动性增强,共同的价值观和道德认同的作用逐渐减弱,依靠法律制度所建立起来的正式制度在农村中的作用还较薄弱,而依靠社会资本所建立的非正式制度的乡村治理远未达到理想状态。所以农户的社会资本面临着重塑的过程。

(3)农户的社会资本要适应市场化进程的需要。中国自给自足的小农经济,使农户的社会资本仅仅能完成日常生活的运作即可。但是随着农户劳动生产率的提高,农产品产量增加,农户的产量已经不能被小范围的市场消化吸收,农产品要走向市场,就需要通过与更广范围内的市场主体发生联系与合作,这样社会资本就需要从家族信任扩展到社会一般信任,从只信任亲缘关系发展到更广范围内的信任和合作,从而扩大农户社会交往和社会信任的半径,为农户传统的社会资本增加新的内容,在目前城乡分割的格局被打破、城乡日益融合发展的条件下，如果农户有能力动员内外部资源，并能利用体制内和体制外资源，不断发展生产、促进农业产业化转型，将是农户"社会资本质的飞跃"（边燕杰等，2012）。

二、社会资本对农户流通渠道选择的影响机理

鉴于本书将社会资本界定了三个维度的特征，在社会资本对农户流通渠道选择的影响中，三个维度都将对流通渠道的选择产生作用。

1. 社会资本结构维度对农户流通渠道选择的影响

农户结构维度社会资本主要是指农户与他人联系的网络结构和网络联系强度。如农户是否与其他社会主体存在联系？与谁有联系？这种联系是如何建立的？农户所形成的网络联系密度如何？关系密切程度如何？关系稳定性如何？所有反映农户与外界网络整体结构的社会互动、网络连接、网络密度等构成了农户社会资本结构维度的重点要素。社会资本结构维度的重要性表现为：扩大以农户为中心所形成的社会网络中其他参与主体的范围、增加农户网络中各社会主体的社会参与程度、广泛而有效的联系可以促进农户与其他社会主体的沟通，降低农户进入市场的社会化制度安排的成本（李文钊和蔡长昆，2012）。

农户可以通过社会资本的结构维度所具有的网络嵌入特性，与其他市场主体形成联动，以便从外部获取信息和资源。而存在于农户间的社会网络结构，不同网络节点具有强弱区别，对农户获取社会资源的作用也不一样。Granovetter（1983）认为信息存在质量差别，与强联系相比，弱联系可以在全新的、实时的信息中起到桥梁（Bridging）作用，依据伯特（2011）的结构洞理论，市场主体主要通过与弱关系的主体发生联系，才能获得更好的资源，拥有了结构洞，就拥有了信息和资源优势，可以通过控制、整合、使用资源达到合作、互利、联合、共赢的目的。所以市场主体的强关系是一类与该主体具有相似性的群体构成的，而具有相似性的主体无法形成资源的互补，只有同其他与该主体具有异质性的群体发生关系，才能实现更好的资源共享和优势互补。

作为农户，在农业生产经营过程中，与其具有强关系的网络就是农户日常联系较多的乡邻，而乡邻与农户具有相同的特征，并不能为农户带来太多的其他资源，虽然说远亲不如近邻，但是如果从产业发展的角度来说，农户需要同与其具有不同特征的其他市场主体结成社会网络关系，才有利于农户利用其他市场主体的力量来实现其农产品进入市场的目的。另外，当农户与产业化组织合作时，两者更有可能成为不具有冗余信息和资源的来源（罗珉和高强，2011），确保信息可以更好地传递以降低信息成本。所以，龙头企业等产业化组织具有和农户不一样的网络资源，农户可以通过产业化组织的作用获取更多的信息和其他获利的机会。当然，当农户与

龙头企业的合作长期化以后，这种弱关系就由弱变强了。农户强关系的作用是作为关系节点，将合作双方连接在网络中，提供沟通的渠道和信誉的保障；弱关系的作用是信息互通，但是强关系和弱关系可以转变，通过强关系的扩展带来弱关系网络的增大，而随着交往次数的增多，弱关系可以转变为强关系。所以无论是强关系还是弱关系，农户与外界联系越频繁、与外界的关系越密切、与外界的联系越广泛、与外界的关系越稳定，越有助于农户收集各类有利于其产品销售的信息，同时也有利于农户通过关系网络进行资源整合实现市场化的经营行为，有利于农户利用组织化渠道进行农产品的销售。

2. 社会资本的关系维度对农户流通渠道选择的影响

农户社会资本的关系维度是指农户通过创造关系或通过各类关系手段获得的并能为农户所利用的资本，通过现有的人际关系，农户可以获得尊敬、友谊、声望等社会地位。社会资本关系维度的重要构成要素包括信任、关系、承诺和诚信等。通过社会资本关系维度的构建，农户创建了一个具有网络化的价值系统，该价值系统的建立是基于网络成员的历史互动过程，通过互动，成员间相互了解，信任感和依赖感增强，在此基础上形成的信任是社会资本关系维度的重要特征，通过信任能有效获得信息和资源的交换，而信息共享可以降低信息不对称，减少机会主义倾向，例如，如果菜农之间、菜农与买主之间、菜农与企业之间关于价格的信息都是透明的、共享的，那么监督和信息搜寻的成本可以大大降低，因为交易双方都拥有相同的信息，在相同信息的基础上，可以有效达成协议或成交。

所以在该价值系统内，成员间彼此能信息共享，彼此交流各类看法，促进有效参与和沟通的实现，从而实现价值发现和价值创造的功能，有助于市场主体间经济关系的建立，形成高度的信任关系，而高质量的信任与合作，有利于市场主体降低交易成本，提高交易双方信任、互惠和长期的预期，充分发挥各自优势，迅速根据周围环境的变化做出应变，实现资源优化配置（张光磊和刘善仕，2012）。

信任又可以分为三种类型，即基于过程的信任、基于特征的信任和基于制度的信任（Zucker，1986）。基于过程的信任，对农户而言，就是农户根据农产品销售过程的历史经验感受而决定是否给予交易对手信任感，在有良好的交易历史的情况下，农户能给予交易对手信任感，从而降低信息不对称，有利于交易的达成；基于特征的信任是农户依据交易对手的个体特征而决定是否施与对方信任感；而基于制度的信任是农户在所处社会环境中对于制度的信任。

农户社会资本的关系维度有助于农户保持与龙头企业的合作，因为在信任基础上的合作能有效降低交易双方的交易成本，增加互信，互信是农户与交易对手合作、建立持久而有效关系的基础，进而能够促使交易双方从市场关系转变为关系型关系，促使双方从单次交易的博弈转变为重视关系的长期利益博弈，进而提高对交易结果的预期,增强交易双方的黏性。所以,农户社会资本的关系维度水平越高,农户越倾向于利用组织化的渠道进行农产品的销售。

3. 社会资本的认知维度对农户流通渠道选择的直接影响

农户社会资本的认知维度是指嵌入在农户生活社会网络中的价值观念以及共享的行为规范、认知模式以及行为范式等。农户社会资本认知维度主要包括农户与其他社会主体具有共同的愿景、共同的目标以及共同的语言等。通过认知维度对农户行为产生有约束力的规则体系。社会资本的认知维度在社会资本的三个维度中是最具有抽象性也最容易被忽视的一个维度。其作用表现在:共享的愿景、社会准则和价值观念可以促进农户积极参与社会活动,降低交易和契约的执行成本,有利于形成新的制度安排,促进农产品市场的高效运行。

农户社会资本的认知维度表现为农户与交易合作伙伴之间具有的共同价值观,形成共同一致的价值判断依据,并依据该标准对事件做出大致相同的判断,互相交流后对合作目标能达成一致共识,从而有助于交易主体通过形成共同的价值观念,产生文化认同,保障合作双方将主要精力专注于协作和合作,通过共同的愿景,增强农户与其他交易主体的互信,减少猜疑和争议,不致因为理念和价值观不同产生分歧和摩擦,有助于降低交易成本,促进彼此的融合、促进流通效率的提升。所以,如果农户与龙头企业能彼此认同,遵循同样的价值观念,就有助于农户与龙头企业的长期合作。

基于以上分析,本书提出以下研究假设。

H21:农户社会资本的结构维度水平越高,越有利于农户利用组织化渠道销售农产品。

H22:农户社会资本的关系维度水平越高,越有利于农户利用组织化渠道销售农产品。

H23:农户社会资本的认知维度水平越高,越有利于农户利用组织化渠道销售农产品。

第四节　社会资本对农产品流通交易成本的影响机理

一、社会资本结构维度对农产品流通中交易成本的影响

社会资本结构维度可以有效降低农户在农产品流通过程中的交易成本。其作用机理如下:

农户社会资本的结构维度通过有效的网络和信息链接,广建人脉关系,使农户具有多个独立的信息渠道,当其收到从不同信源收集到的内容相似的信息时,其能

确定所收到信息的真实性,当每个交易者收到的信息相似时,就可以强化其协调和一致行动的能力,这样可以避免某些市场主体通过操纵信息、传递有偏的信号来谋求私利,从而降低交易的不确定性发生的概率(陈健,2007)。

当农户与龙头企业形成关系网络以后,即龙头企业成为农户社会网络中的一个成员以后,龙头企业愿意为农户进行资产专用性的投资,通过资产专用性的投资,农户可以有效减少蔬菜种植所需的额外投资,降低农户从其他农业生产活动转换为蔬菜种植的转移成本,对于农户来说,由于与龙头企业之间的合作,为满足龙头企业生产经营的要求,也需要自行进行资产专用性的投资,从而形成了土地、生产资料和人力资本的专用性,所以,在龙头企业与农户的合作过程中,双方都会进行资产专用性方面的投入,保证双方合作行为能够持续。

当农户与龙头企业建立了关系以后,合作行为就不仅是为了单笔交易,而且是为了今后更多的交易机会,农户以后每次交易都是基于以前交易的惯例来进行的,成为常规交易,常规交易的结果就是不再需要针对交易条件进行交涉了,节省了搜寻交易对手、与潜在交易对手进行谈判的信息搜寻和谈判成本,而且大量高频次的交易大大降低了农户农产品流通过程中的履约成本。

综上所述,农户社会资本的结构维度水平通过对交易不确定性、资产专用性程度、交易频率的作用对农产品流通中的交易成本产生影响。

二、社会资本关系维度对农产品流通中交易成本的影响

农户社会资本的关系维度重要的衡量指标就是信任。农户信任具有两层含义:首先,信任是一种预期,即农户预期其他交易主体是值得信赖的,并且期待交易对手表现出良善且具有可靠性的行为;其次,信任是农户通过自己表现出来的行为倾向或实际行动来传达两类信息内涵,即一方面传递信号告知交易对手农户自身利益的实现需要交易对方的行为配合,另一方面告知交易对手农户是值得信赖的,农户会采取合作的行为来取得交易对手的信任。信任关系最终将影响交易行为,通过左手权力、右手信任,以及左右手不断地交互运作来实现双赢(罗家德,2007)。交易双方在交易中不断判断自己与交易对手权力的此消彼长,作为讨价还价和履约过程的参考,同时双方希望建立信任关系以利于交易的执行,赢得未来的交易机会,所以,社会资本的关系维度特征通过重复交易以及重复交易行为实现了强化作用,通过对交易各方收益的可预见性、对交易对方的可依赖性和胜任能力的把握形成了信任这一重要关系维度。而信任的建立有利于长期合作,使交易伙伴相信自身不会受到对方机会主义行为的损害,特别是在高度不确定的环境下,信任显得尤其重要,信任有时比正式制度更能有效降低和缓解交易中的不确定性。所以社会资本的关系维度有利于缓解不确定性导致的机会主义行为的发生。此外通过关系维度的规范特

征带来的行动规则、范式和制度安排，能避免交易过程中的重复活动（Dyer & Signh，1998），可以有效地约束投机行为，缓解交易中的搭便车行为，节约用于监督和讨价还价所付出的交易成本。

Shideler（2004）发现，由于存在社会资本，商人和消费者之间进行重复不断的交易，而重复交易生产信任，进而导致交易成本的降低，Siles 等（1994）也发现，银行的客户与银行之间存在信任关系，社会资本增加了该客户贷款被批准的频率，同时由于重复交易，银行有额外的信息来源可以判断该客户的信用水平，降低了银行的风控成本，同时增加了客户对该银行的黏性，即使其他银行提供更优惠的利率水平，该客户也没有更换银行的意愿。由此可以发现，信任是基于重复交往而出现的，所以当农户与其他市场主体基于过去的交易满意程度和双赢的局面而决定继续重复进行交易后，交易主体间就呈现出一种临时锁定状态，双方会重复且频繁发生交易，而不会在市场中再去寻求其他可以替代的交易对象，这就降低了市场搜寻的成本，保证了交易顺利实施。信任建立后，交易将长期保持下去，这样通过信任和规范能促进交易双方针对资产专用性进行投资，以便交易双方能通过资产专用性投资进一步降低生产和流通的成本。

交易双方进行资产专用性投资后将进一步强化交易双方的合作关系，促使农户大量多频次地向交易对手提供农产品，这样交易的成本就通过大量多频次的交易被摊薄了，所以农户可以通过频繁交易降低交易成本。

综上所述，农户社会资本的关系维度水平通过对交易不确定性、资产专用性程度、交易频率的作用对农产品流通的交易成本产生影响。

三、社会资本认知维度对农产品流通中交易成本的影响

农户社会资本认知维度通过共同的愿景、价值观作用于农户的生产经营过程。如果农户与交易合作的对手之间存在相似的价值观和共同的语言，那么农户与其进行沟通交易时能有效取得共识，并且双方能本着共同的价值观来处理交易，从而可以有效降低交易中的摩擦和冲突，有效降低沟通和协调的成本，降低交易成本，形成与合作者之间紧密的关系，提高交易的频率，提高双方的资产专用性投资，降低不确定性的影响。

所以，有效降低交易成本、提高交易伙伴之间交易的黏性是社会资本的基本功能之一，通过社会资本中嵌入的多元化信息来源和商业机会的交流，为市场主体提供更多的交易机会，保证市场主体能充分利用各类资源降低交易成本。

基于上述分析，本书提出以下研究假设。

H31：农户社会资本的结构维度可以降低农产品流通中的不确定性影响。

H32：农户社会资本的结构维度可以增加农户资产专用性投资。

H33：农户社会资本的结构维度可以提高农户交易的频率。

H34：农户社会资本的关系维度可以降低农产品流通中的不确定性影响。

H35：农户社会资本的关系维度可以增加农户资产专用性投资。

H36：农户社会资本的关系维度可以提高农户交易的频率。

H37：农户社会资本的认知维度可以降低农产品流通中的不确定性影响。

H38：农户社会资本的认知维度可以增加农户资产专用性投资。

H39：农户社会资本的认知维度可以提高农户交易的频率。

第五节 农产品流通渠道选择影响因素的综合分析模型

前述理论利用交易成本理论和社会资本理论分析了农户选择农产品流通渠道的影响机理。本书认为，交易成本理论中的不确定性、资产专用性和交易频率因素会对农户的农产品流通渠道选择产生影响，即不确定性越高、资产专用性越高、交易频率越高，越有利于农户采用组织化的流通渠道进行农产品的流通活动。

社会资本理论中结构维度的社会资本、关系维度的社会资本和认知维度的社会资本对农户的农产品流通渠道选择产生影响，即农户上述三类社会资本水平越高，越有利于农户采用组织化的流通渠道进行农产品的流通活动。

同时，通过分析发现，社会资本对于农户农产品流通中的交易成本同样产生作用。即农户的社会资本水平越高，农户农产品流通过程中产生的交易成本就会越低。因此本书构建了一个农户农产品流通渠道选择影响因素的综合分析框架（见图4-2）。在该研究框架下，交易成本理论和社会资本理论被综合融汇成一个分析框架，作为本书研究的理论模型。通过该分析框架，可以看出当农户面临着"是采用市场化的流通渠道还是采用组织化的流通渠道进行农产品流通"的选择时，其行为受到一系列复杂因素的影响，这些因素综合作用于农户的决策，从而导致农户农产品流通行为呈现差异化和异质性。

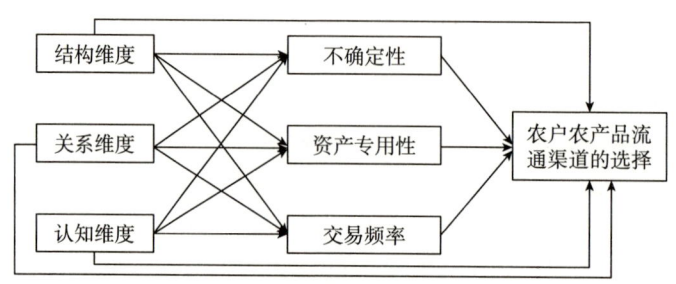

图4-2 农户农产品流通渠道选择的综合分析模型

第四章　农产品流通渠道选择影响因素的理论模型

  本章在对农户在农产品流通活动中的市场地位进行分析的基础上，引入了交易成本理论和社会资本理论，分别对交易成本中不确定性、资产专用性和交易频率对农户选择农产品流通渠道的影响机理以及社会资本的结构维度、关系维度和认知维度对农户选择农产品流通渠道的影响机理进行了分析，并分析了社会资本对农户农产品流通的交易成本的影响，分析认为农户的社会资本和交易成本会对农户流通渠道选择产生影响，而社会资本又会对农产品流通的交易成本产生影响，即社会资本正向影响农户选择组织化的流通渠道，农产品流通中的交易成本越高，越有利于农户选择组织化的流通渠道，而社会资本有助于降低农产品流通中的交易成本，基于此提出了多组研究假设，下章将进行实证分析。

第五章 农产品流通渠道选择影响因素的实证研究

本章将实证分析农户社会资本、交易成本对农户农产品流通渠道选择的影响,通过分析社会资本和交易成本度量指标,设计问卷,并通过严格的调查程序对问卷进行修改和完善后,以陕西蔬菜种植农户为实证研究对象,对农户进行入户调查,收集问卷数据,并利用PLS-SEM模型分析在农户对农产品流通渠道进行选择的过程中,哪些因素具有显著的影响,对理论假设进行实证检验,验证研究假设的显著性,对实证结果进行分析,从而为农户进行组织化流通渠道的选择提供理论依据。

第一节 问卷设计

一、问卷设计原则

好的问卷设计是研究成功的关键决定要素。前人在问卷设计过程中已经形成了丰富的经验,总结出了问卷设计的几个基本原则,本书在设计问卷过程中将遵循这些原则。

1. 内容的设计

问卷内容的设计是在充分认识研究问题的基础上围绕研究问题进行的,必须要收集的问题一定要在问卷中体现,而无关的问题则一定不要在问卷中设计,以免增加填答者的工作量,进而产生倦怠,影响问卷的质量。特别是对菜农而言,目前菜农普遍具有农忙期长、农活繁重、时间任务紧的特点,所以问卷过长将影响答卷的质量。此外,在收集菜农的基本信息时,尽量不要涉及个人隐私,以免让被试产生反感,甚至出现拒绝调研的情况。

2. 题干的设计

问卷中问题的设计应尽量简洁、易懂,农户普遍文化程度不高,且目前在农田里从事农业劳动的人普遍年龄较大,所以,对于问卷题目的设计要遵循简单、简短、易懂的原则,在不影响农户理解的基础上,尽量用短句来描述问题。

基于以上原则,设计了本书的问卷项目。

二、问卷设计程序

作为社会科学研究,如何把质的问题转化为可量化的研究问题,需要一套科学合理的问卷设计。科学和完善的问卷设计是研究问题测量信度和效度的重要保障,同时也是研究任务实现的前提。

1. 文献研究

在研究问题和研究假设确定了之后,我们收集了大量有关交易成本和社会资本的国内外相关文献,学习相关文献的理论思想,以及收集被实证研究所广泛采用的成熟量表。

2. 多轮访谈

我们有目的地对政府部门、龙头企业、合作社和农户进行过多次多轮的访谈①,了解了农户农产品流通的基本状况。

3. 问卷初拟

结合国内外文献研究中相关的成果,从成熟的量表中筛选出适用的题项,并结合相关的理论和概念,根据研究的需要,自行设计了一些题项,从而形成了适应本书研究理论架构的问卷。由于有些测量是从英文文献中提取的,所以涉及量表由英文翻译为中文的翻译是否准确的问题,本书在对英文量表进行翻译以后邀请英文水平熟练的海归博士对量表进行了检测,并请另一批学者将翻译过来的中文再转译为英文,没有发现其中存在歧义,所以可以认为已将量表设计中可能存在的翻译偏差问题解决了。

4. 专家小组

因为本书的研究综合了众多学者的有关成果而得到了所需要的量表,为了确保调查问卷的信度和效度以及问卷的科学性,问卷初拟好了以后,我们与农业经济领域以及社会学、管理学、经济学领域的多位专家对问卷进行过探讨,依据专家的意见,对初拟问卷进行了多次小组讨论和反复的修改。

5. 农户初评、反复修改

在问卷初稿出炉以后,我们在陕西高陵选取了10户农户对问卷进行了反复的阅读,发现问卷中表述不清、标题误导、理解歧义的问题并对其进行修改,再结合访谈的内容对原有问卷中没有涉及的问题进行了添加,最终确定了试测的调查问卷,

---

① 政府部门涉及陕西省农业厅、陕西省商务厅、乾县农业局、泾阳蔬菜局、山阳县中小企业局、云阳镇政府等部门;龙头企业涉及陕西恒绿科技有限公司、陕西齐峰果业有限责任公司、陕西野森林食品有限公司、陕西天元隆农业科技有限公司、陕西天竺源有限公司、陕西天之润科技有限公司、山阳县家金商贸有限责任公司等,合作社涉及陕西恒绿合作社、乾县漠西大葱合作社等。

形成了问卷初稿。

6. 预调查、问卷定稿

利用问卷初稿进行了试调研,对陕西灞桥的农户进行了 30 份的入户预调研,针对预调研过程中发现的问题又进一步对问卷进行了修改,形成正式的调研问卷。最终形成的量表分为四部分,即农户的交易成本测量、农户的社会资本测量、农户的流通渠道选择测量以及农户的相关信息。

第二节 变量设计和变量测量

一、变量设计

在第四章中,根据交易成本理论和社会资本理论,我们提出了农户流通渠道选择的理论模型和研究假设。由于所涉及的研究变量为潜变量无法测量,需要通过可以测量的变量间接进行体现,本节将针对各个潜变量设计量表,形成调查问卷。问卷设计的方法有两种:一是利用已有文献的成熟量表,结合具体研究问题,确定问卷中的观测变量;二是通过对具体问题的研究理解自建测量量表(Churchill,1979)。依据上述原则,本书变量测量项目主要来源于以下几个渠道:一是来自成熟的量表,充分利用已有文献中成熟的可用量表的测量题项;二是针对已有文献中使用过的量表进行调整或修改,使量表尽量符合本书研究的背景;三是依据访谈所获得的信息,对相关变量的信息进行提炼,自建部分量表,形成量表测量题项。最终形成了结合本书研究特点的、适合本书研究问题的量表。

本书的变量测量采用 Likert 的 5 级量表。虽然近期的研究呈现出使用 7 级 Likert 量表的趋势,优势在于可增加变量的变异性,本书之所以没有采取 7 级量表,是因为 7 级量表对被访者的区分辨别能力要求较高,由于本研究针对的是农户,一方面,农户受教育程度较低,难以很精细地判断各级度量的区别;另一方面,农户很繁忙,特别是本研究针对菜农进行调查,在实施设施农业以后,农户的大棚蔬菜基本上全年都可以种植和收获,所以农户的时间比较紧,如果需要农户费时去思考,会影响问卷的回收数量和质量,所以,本研究采用了 5 级 Likert 量表对变量进行测量,用"1"代表完全不同意,"2"代表不太同意,"3"代表不同意不反对,"4"代表同意,"5"代表完全同意。

二、交易成本变量测量

在农产品流通过程中,决定农户流通渠道选择的重要影响因素就是交易成本。由于交易成本具有不同的定义,形成了不同的研究内容和研究范式,导致难以对交易成本进行测量和统一。综观已有文献,在针对农村、农业和农户的研究中,多数的研究是基于科斯的交易成本范式进行的指标设计,如段利民和霍学喜(2013)、吴学兵等(2014)、郭亮(2015)等文献多依据交易成本的具体内容,将市场主体在具体交易时所发生的成本,如信息成本、谈判成本、监督成本和履约成本等交易中涉及的全部成本或部分成本进行分析,所以可以称作"交易成本(科斯)"范式(张旭昆,2012)。本书将采用交易成本(威廉姆斯)的定义进行研究,从不确定性、资产专用性和交易频率对农户的作用而引起的交易成本进行分析。而不确定性、资产专用性和交易频率并不能用确定的数值进行描述,属于潜变量,所以采用量表的方式来测量上述三个变量。

1. 不确定性的测量

依照上文分析,农户农产品流通中的不确定性涉及市场不确定性、技术不确定性、收益不确定性。

市场不确定性是指农户面临的生产环境和交易市场环境多变。这里将用以下测量题项来表示,分别是自然灾害的发生对种菜有影响(陈志新,2011)、消费者对蔬菜的需求数量和种类变化很快、蔬菜价格变化很频繁(Kabadayi,2011)、把蔬菜交给合作社或龙头企业销售是为了确保蔬菜有稳定的销路(Ji et al., 2012)。

技术不确定性表明蔬菜种植的品质和技术不断发展,农户要面临蔬菜品质下降、品种过时等风险。这里采用种菜的技术变化很快(Ji et al., 2012)、我种植的蔬菜品种更新换代很快(翟珊珊,2009)进行描述。

收益不确定性意味着农户无法预期未来的收入状况,市场的不确定性导致收入变化。这里用卖菜过程中菜的损耗很大(韩洪云和吕秀滢,2012)、我的收入每年变动比较大、种菜的收入没有保障、种菜的成本每年都在上涨、每年都会出现菜卖不出去的现象、我种菜的销售和成本数据很难准确计算(Gatignon et al., 2010)进行描述。

经过综合分析后,交易成本的不确定性的测量量表如表5-1所示。

表5-1 交易成本的不确定性变量的操作化定义量表

潜变量	观测代码	观测测量
不确定性	UNC01	自然灾害的发生对种菜有影响
	UNC02	消费者对蔬菜的需求数量和种类变化很快
	UNC03	蔬菜价格变动很频繁
	UNC04	把蔬菜交给合作社或龙头企业销售是为了确保蔬菜有稳定的销路
	UNC05	种菜的技术变化很快
	UNC06	我种植的蔬菜品种更新换代很快

续表

潜变量	观测代码	观测测量
不确定性	UNC07	卖菜过程中菜的损耗很大
	UNC08	我的收入每年变动比较大
	UNC09	种菜的收入没有保障
	UNC10	种菜的成本每年都在上涨
	UNC11	每年都会出现菜卖不出去的现象
	UNC12	我种菜的销售和成本数据很难准确计算

2. 资产专用性的测量

对于农户来说，资产专用性包括土地专用性、物资资本专用性和人力资本专用性。土地专用性有以下几个测量题项：菜地如果改种其他农作物的话，要花一段时间才能有收成（Kabadayi，2011）；菜地改种其他作物时，我会损失很多投资（屈小博和霍学喜，2007）。

人力资本专用性有以下测量题项：我种菜的知识和经验很难用于从事其他农业生产活动（Rayton et al.，2002）；种菜不需要额外的技术（R）①（Rayton et al.，2002）；我与收购商建立起来的关系对销售其他种类的农产品没有帮助（姚文，2011）；为了种菜，我专门学习过蔬菜种植栽培知识（Bohyeon et al.，2015）。

物资资本专用性有以下测量题项：为了种菜我购买了一些种菜需要的农机具（Sambasivan & Siew，2013），为了种菜我投资建设了蔬菜大棚（Ji et al.，2012）。

经过综合分析后，交易成本的资产专用性的测量量表如表5-2所示。

表5-2　交易成本的资产专用性变量的操作化定义量表

潜变量	观测代码	观测测量
资产专用性	SPC01	为了种菜，我专门学习过蔬菜种植栽培知识
	SPC02	为了种菜我购买了一些种菜需要的农机具
	SPC03	为了种菜我投资建设了蔬菜大棚
	SPC04	菜地如果改种其他农作物的话，要花一段时间才能有收成
	SPC05	菜地改种其他作物时，我会损失很多投资
	SPC06	我种菜的知识和经验很难用于从事其他农业生产活动
	SPC07	种菜不需要额外的技术（R）
	SPC08	我与收购商建立起来的关系对销售其他种类的农产品没有帮助

---

① 题项标注 R 表示该问题是反向问题，下同。

3. 交易频率的测量

关于交易频率的测量我们使用以下量表问题：我与主要收购商的交易次数要比跟其他人交易的次数多（Ji et al., 2012），我主要的收购商愿意与我不断地进行交易（Wu & Choi, 2014），我蔬菜的采摘期比较长（依据访谈获得的信息设计），在收获季节我几乎每天都要采摘蔬菜进行销售（依据访谈获得的信息设计），我希望能和固定的收购商多交易（John & Weitz, 1988），我只跟固定的收购商交易（依据访谈获得的信息设计）。

经过综合分析后，交易成本的交易频率变量的操作化定义量表如表 5-3 所示。

表 5-3　交易成本的交易频率变量的操作化定义量表

潜变量	观测代码	观测测量
交易频率	FRE01	我与主要收购商交易的次数要比跟其他人交易的次数多
	FRE02	我主要的收购商愿意与我不断地进行交易
	FRE03	我蔬菜的采摘期比较长
	FRE04	在收获季节我几乎每天都要采摘蔬菜进行销售
	FRE05	我希望能和固定的收购商多交易
	FRE06	我只跟固定的收购商交易

三、社会资本变量测量

本书讨论的社会资本涉及三个维度，即结构维度、关系维度和认知维度，通过对这三个维度的分析，可以认识和发现农户在进行农产品流通过程中的社会资本状况。

1. 社会资本的结构维度变量测量

社会资本的结构维度包括关系（Relationship）、信息（Information）、承诺（Promise）和网络连接（Network Linking）。

我们设计了以下测量指标来衡量关系：我很重视与收购商的关系，收购商很重视与我的关系（Hewett et al., 2002），我为了把菜卖出去付出了很多努力，收购商为了购买我的蔬菜付出了很多努力（Sandelands, 1994）。

衡量信息的测量指标包括：卖菜过程中，我和收购商能充分交流信息（Li et al., 2000）；交易过程中，收购商有时会隐瞒一些对我有利的市场信息（R）（Smith & Barclay, 1997）；为了获得市场信息，我跟收购商会花很多时间进行沟通（Hewett et al., 2002）；在种植品种方面，收购商会给我一些建议（Lu et al., 2008）；我与收购者之间经常进行经验或技术交流（Li et al., 2000）。

衡量承诺的测量指标包括：我是一个说到做到、遵守承诺的人，与我交易的收购商是一个说到做到、遵守承诺的人（Lobo，2013），我和收购商都不会投机取巧（Wu & Choi，2004）。

网络连接的测量指标包括：我的关系网络对我与收购商建立信任关系有帮助，我的关系网络对我找到新的收购商有帮助（Lu et al.，2008），我的关系网络对我提高种植技术有帮助（Lu & Jacquesh，2008），我交易过的收购商会常常和我保持联系（Wong & Cheung，2005），我与很多收购商保持联系，我和很多收购商有过交易经历（杨玉兵和胡汉辉，2008）。

经过综合分析后，社会资本结构维度的测量量表如表5-4所示。

表5-4 社会资本的结构维度变量的操作化定义量表

潜变量	观测代码	观测测量
结构维度	STR01	我很重视与收购商的关系
	STR02	收购商很重视与我的关系
	STR03	我为了把菜卖出去付出了很多努力
	STR04	收购商为了购买我的蔬菜付出了很多努力
	STR05	卖菜过程中，我和收购商能充分交流信息
	STR06	交易过程中，收购商有时会隐瞒一些对我有利的市场信息（R）
	STR07	为了获得市场信息，我跟收购商会花很多时间进行沟通
	STR08	在种植品种方面，收购商会给我一些建议
	STR09	我与收购者之间经常进行经验或技术交流
	STR10	我是一个说到做到、遵守承诺的人
	STR11	与我交易的收购商是一个说到做到、遵守承诺的人
	STR12	我和收购商都不会投机取巧
	STR13	我的关系网络对我与收购商建立信任关系有帮助
	STR14	我的关系网络对我找到新的收购商有帮助
	STR15	我的关系网络对我提高种植技术有帮助
	STR16	我交易过的收购商会常常和我保持联系
	STR17	我与很多收购商保持联系
	STR18	我和很多收购商有过交易经历

2. 社会资本的关系维度变量测量

社会资本的关系维度包括了信任（Trust）、互惠（Reciprocity）和声誉（Reputation）。

信任维度的测量指标为：我完全信任家人；我完全信任亲戚朋友；我完全信任老乡；我完全信任陌生人（Lu et al.，2008）；村里绝大多数村民都是值得信任的；村里人一般在借钱的事情上不会轻信（Barham，2008）；我有困难时，村里人愿意帮助我（李恒，2015）；我能顺利从邻居家借到扳手、螺丝刀等工具；我信任收购商不会有意采取对我不利的行为；我主要的收购商是值得信任的（薛建强，2014）；我与主要收购商已经形成了朋友关系（Parra et al.，2015）。

互惠维度的测量指标为：我和收购商在交易过程中遵循互惠原则（Parra et al.，2015）；收购商有时给我的交易条件有失公平（R）（Handfield & Bechtel，2002）；收购商愿意帮助我发展蔬菜种植；农忙的时候，村里人会相互帮助（Miao et al.，2015）；我对收购商与我的关系感到满意；我常交易的收购商给我的报价要高于其他收购商给我的报价（Bensemann & Shadbolt，2015）。

声誉维度的测量指标为：我认为与我交易的收购商是值得尊重的，与我交易的收购商是一个注重声誉的人，我是一个注重自身声誉的人（依据访谈获得的信息设计）。

经过综合分析，社会资本的关系维度的测量量表如表5-5所示。

表5-5 社会资本的关系维度变量的操作化定义量表

潜变量	观测代码	观测测量
关系维度	REL01	我完全信任家人
	REL02	我完全信任亲戚朋友
	REL03	我完全信任老乡
	REL04	我完全信任陌生人
	REL05	村里绝大多数村民都是值得信任的
	REL06	村里人一般在借钱的事情上不会轻信
	REL07	我有困难时，村里人愿意帮助我
	REL08	我能顺利从邻居家借到扳手、螺丝刀等工具
	REL09	我信任收购商不会有意采取对我不利的行为
	REL10	我主要的收购商是值得信任的
	REL11	我与主要收购商已经形成了朋友关系
	REL12	我和收购商在交易过程中遵循互惠原则
	REL13	收购商有时给我的交易条件有失公平（R）
	REL14	收购商愿意帮助我发展蔬菜种植
	REL15	农忙的时候，村里人会相互帮助
	REL16	我对收购商与我的关系感到满意
	REL17	我常交易的收购商给我的报价要高于其他收购商给我的报价
	REL18	我认为与我交易的收购商是值得尊重的
	REL19	与我交易的收购商是一个注重声誉的人
	REL20	我是一个注重自身声誉的人

3. 社会资本的认知维度变量测量

社会资本的认知维度用以下测量问题：我和主要收购商都清楚我们之间保持良好关系的重要性（Parra et al.，2015）；我与主要收购商能谈得来（刘晨等，2014）；我与主要买家的长期目标是一致的（Bohyeon，2015）；我认为目前社会风气好，大家都遵循道德规范（王霄和胡军，2005）；我认为目前市场环境好，大家都遵循公平交易（依据访谈获得的信息设计）。

经过综合分析，社会资本的认知维度的测量量表如表5-6所示。

表5-6 社会资本的认知维度变量的操作化定义量表

潜变量	观测代码	观测测量
认知维度	COG01	我和主要收购商都清楚我们之间保持良好关系的重要性
	COG02	我与主要收购商能谈得来
	COG03	我与主要买家的长期目标是一致的
	COG04	我认为目前社会风气好，大家都遵循道德规范
	COG05	我认为目前市场环境好，大家都遵循公平交易

四、农产品流通渠道选择的变量测量

对于作为因变量的农产品流通渠道的选择倾向，本书用以下测量问题（见表5-7）：我认为与龙头企业合作能提高我的收入；即使有其他交易机会，我也仍然愿意和与我长期交易的收购商合作（Espallardo et al.，2013）；我会向其他村民推荐与我合作的收购商（钟敏，2015）；我希望能把菜卖给龙头企业（Zeithaml，1999）；我认为参加合作社能提高我的收入；我希望能和目前与我交易的收购商长期合作（University，2010）。

经过综合分析，农产品流通渠道选择的操作化定义量表如表5-7所示。

表5-7 农产品流通渠道选择的操作化定义量表

潜变量	观测代码	观测测量
渠道选择	CHO01	我认为与龙头企业合作能提高我的收入
	CHO02	即使有其他交易机会，我也仍然愿意和与我长期交易的收购商合作
	CHO03	我会向其他村民推荐与我合作的收购商
	CHO04	我希望能把菜卖给龙头企业
	CHO05	我认为参加合作社能提高我的收入
	CHO06	我希望能和目前与我交易的收购商长期合作

第五章　农产品流通渠道选择影响因素的实证研究

第三节　调查程序

一、问卷的调查过程

问卷试测是在陕西灞桥区的党家村进行的，样本的选取采用简单随机抽样的原则进行，采取入户调查的方式发放问卷30份，其中有4份问卷因中途停止而作废，获得有效问卷26份。通过对问卷数据的分析，针对量表进行了进一步的修订，最终形成了正式调查的问卷。

本书研究的正式调查时间为2017年4月至2017年5月，选取陕西省蔬菜种植面积较大的区域，按照环西安市区、西安市近郊、西安市远郊的分布确定了灞桥、高陵、泾阳、兴平、武功、乾县、杨凌7个区县近二十余个行政村进行入户调研，样本农户的选取采用便利抽样的方式进行，填写问卷的农户必须满足以下两个条件：①种植的农产品种类必须是蔬菜品种；②从事蔬菜种植必须超过3个完整的自然年度。被调查农户涉及的蔬菜种植种类包括西红柿、黄瓜、大葱、小葱、绿叶菜、大蒜等大棚菜或陆地菜。

二、问卷的收集

本书的正式调查历时一个多月，针对农户进行入户调查，发放问卷161份，收回161份，对161份问卷进行核查，剔除部分遗漏问题、回答明显有误等问卷后，获得有效问卷121份，问卷有效率为75.2%，样本农户的基本特征如表5-8所示。

表5-8　样本农户基本信息

变量	变量取值	人数	比率（%）
性别	男	75	61.9
	女	46	38
年龄	<40岁	11	9.1
	40~49岁	30	24.8
	50~59岁	41	33.9
	60~69岁	32	26.4
	70岁以上	7	5.8
受教育程度	未上过学	1	0.8
	小学教育	33	27.3
	初中教育	72	59.5
	高中及以上	15	12.4

续表

变量	变量取值	人数	比率（%）
家庭务农人数	≤2人	71	58.7
	3~5人	43	35.5
	>5人	7	5.8
从事蔬菜种植时间	≤5年	24	19.8
	6~10年	41	33.9
	11~15年	14	11.6
	16~20年	18	14.9
	21年以上	24	19.8
种植面积	≤3亩	44	36.4
	3~5亩（含5亩）	42	34.7
	5~10亩（含10亩）	30	24.8
	10亩以上	5	4.1
种植方式	陆地菜	75	62
	大棚菜	29	24
	陆地和大棚兼有	17	14
加入合作社	是	25	20.7
	否	96	79.3
种菜收入水平	有较大盈利	5	4.1
	稍有盈利	80	66.1
	不赔不赚	21	17.4
	稍有亏损	8	6.6
	亏损	7	5.8
蔬菜销售的方式	直接市场销售	54	44.6
	收购商或代办	67	55.3
希望采用的销售方式	直接市场销售	12	9.9
	收购商销售	32	26.4
	向合作社或企业销售	76	62.8
	网上销售	1	0.8

从表5-8可以看出，被调查对象中男性占多数（61.9%），这与我们传统观念中多数男性农户外出打工是不同的，因为蔬菜种植具有劳动密集型的特点，再加上大棚蔬菜种植推广以后，菜农的农忙季节从每年的9月一直延续到第二年的7月，仅仅

气候最炎热的夏季是蔬菜种植的农闲时间，所以对劳动力的需求较大，农户基本没有太多空闲时间去从事其他商务活动，要想兼顾蔬菜种植和外出打工基本不可行，仅少数农户在有空闲时间的情况下在田间从事雇用小时工的业务，赚取每小时6元的工时费。

从农户的年龄结构来看，被访者年龄最小的为28岁，最大的为77岁。平均年龄为54岁，50岁以上的农户占到了66%，反映了菜农的年龄结构存在着老化的现象，甚至还有7位70岁以上的老人仍然是种菜的主力。

受教育程度方面，多数农户具有初中文化程度，占比近60%，受过高中教育的占比为12.4%，所调研的农户无人接受过大学教育。

家庭从事蔬菜种植的劳动力人数在2人及以下的占比为58.7%，其中以2人为多数，占52%。这一方面说明农户的种植面积有限，一家仅两人即可打理蔬菜种植收获的工作，另一方面也说明现在农村也存在着劳动力雇用市场，农户在农忙的时候可以雇用小时工来协助田间的劳作，从而可以使农户仅需要少量的劳动力即可打理家里的田地。

所调研农户平均从事蔬菜种植的年限为14.5年，时间最长的为50年，从事蔬菜种植10年以上的农户占55.4%。蔬菜种植面积仍然具有细碎化特征，虽然平均每户的蔬菜种植面积为5亩，但是有86户的蔬菜种植面积小于5亩，占到71%，仅5户的种植面积大于10亩，最大的蔬菜种植面积为55亩。

种植形式为陆地菜的比例为62%，纯采用大棚的比例为24%，陆地菜和大棚菜兼有的比例为14%。除了种菜以外，还从事其他涉农活动的农户为53户，其中，有12户栽种果树、25户种粮、8户养殖、3户栽培苗木、1户当代办，此外，有1户种植蔬菜、粮食和果树，有3户从事蔬菜、粮食种植和养殖。

加入合作社的农户数量较少，仅25户农户加入了合作社，其余96户被访农户未加入合作社，未加入合作社的原因包括村庄附近没有成立合作社（73户，占比76%）；加入合作社没有什么作用（10户，占比10.4%）；自己有能力，不用加入（6户，占比6.3%）；合作社成立时不知道信息，就没有加入（7户，占比7.3%）。

对从事蔬菜种植的收入水平评价方面，有66.1%的被访者认为种植蔬菜稍有盈利，有12.4%的农户认为种植蔬菜是存在亏损的，有5位农户认为种植蔬菜有很高盈利水平。

针对农户蔬菜销售的形式，有44.6%的农户采用直接运到市场进行销售的方法，其余的农户采用了间接销售的方式，由采购商上门进行收购或交给代办联系销售。在针对农户希望采取的蔬菜销售方式进行分析时，发现仅有9.9%的农户希望采取直接运到市场进行销售的方式，其余的农户均希望采取间接销售的方式，其中32位农户希望由收购商进行收购，76位农户希望将产品销售给企业或交由合作社进行销售，

1位农户希望通过电商平台进行蔬菜的销售。

第四节 实证结果

一、测量项目的分析

设计好的调查问卷涉及社会资本三维度、交易成本三要素和农户流通渠道的选择变量。为了保证实证模型的有效性,要对问卷测量项目进行分析,即通过对被访者所填问卷进行分析,对问卷测量项目进行进一步筛选,将不符合信度和效度检验的问题删去,从而使利用 PLS-SEM 进行模型检验的问卷测量项目更有效。

对问卷测量项目进行分析的主要方法是对农户的交易成本、社会资本和流通渠道选择的构面进行单个测量问题的 Cronbach's Alpha 系数和探索性因子分析。试测问卷的测量变量是否保留的依据是:利用 Cronbach's Alpha 系数检验测量量表的信度,该数值越大,表示量表的信度越高,一般该数值不能低于0.5;对指标进行因子分析检验,根据 KMO 样本测度标准判断是否可以进行因子分析,KMO 值一般要求在0.7以上,对于 KMO 值低于0.5的样本则极不适合进行因子分析;对于 KMO 适合进行因子分析的变量进行探索性因子分析,即采用因子分析法中的主成分分析方法,对于因子载荷矩阵提取率不足0.5的因子予以剔除,利用因子旋转方法将特征值大于1作为因子提取的标准(荣泰生,2009)。通过上述标准进行剔除后,最终剩余的题项将用来在实证中进行结构方程模型的检验。

通过对量表测量题项的检验,最终形成了进行结构方程模型分析的量表,本书将基于经过筛选后形成的量表题项对研究假设进行实证分析和检验。

对测量题项的描述性统计分析如表 5-9 所示。

表 5-9 测量项目的描述性统计分析

	极小值	极大值	均值	标准差	偏度	峰度
UNC10	1	5	3.64	1.140	-0.480	-1.107
UNC14	1	5	3.77	1.078	-0.741	-0.437
SPC01	1	5	3.21	1.273	-0.068	-1.421
SPC03	1	5	3.00	1.560	-0.054	-1.579
FRE01	1	5	3.60	1.107	-0.622	-0.703
FRE02	1	5	3.69	0.999	-0.934	0.205
FRE05	1	5	4.35	0.793	-1.422	2.641
STR02	1	5	3.30	1.070	-0.497	-0.804

续表

	极小值	极大值	均值	标准差	偏度	峰度
STR08	1	5	3.04	1.356	−0.280	−1.357
STR09	1	5	2.66	1.400	0.089	−1.560
STR16	1	5	3.41	1.263	−0.546	−0.930
REL10	1	5	3.64	0.837	−0.963	0.472
REL11	1	5	3.24	1.155	−0.417	−0.988
REL14	1	5	2.88	1.266	−0.029	−1.334
COG01	2	5	4.00	0.730	−0.914	1.482
COG02	2	5	3.81	0.699	−0.912	1.262
COG03	2	5	3.79	0.784	−1.091	1.008
CHO04	1	5	3.95	0.973	−1.112	0.830
CHO05	3	5	4.44	0.590	−0.498	−0.649

从上述描述性统计数据可以看出，数据并不呈现正态分布，而是具有一定的偏度，因此基于数据正态分布假设的 SEM 模型方法就不适用，下文将采用 PLS-SEM 模型进行实证分析。

二、变量测量

对符合要求的 121 位农户的入户调查数据进行分析，采用结构方程模型中偏最小二乘法（PLS-SEM）的方法来验证理论假设。结构方程模型有两种计算方法，即基于协方差的极大似然估计和基于偏最小二乘估计的结构方程模型，前者利用 LISREL 或 AMOS 软件进行估计，后者利用 Smart-PLS 软件进行估计。基于 PLS-SEM 的结构方程模型方法具有很多优势：首先，PLS 方法对于数据的要求不高，可以处理小样本数据，而且不需要对数据进行正态分布假设，对于非正态分布的数据也可以进行很好的处理，仍能保持稳健的结果（林润辉等，2016）；其次，PLS-SEM 可以测量单个题项的问题，而不像基于极大似然估计的结构方程模型那样要求每个构面有 4 个问题（Chin，1998）。此外，PLS 方法可以处理多构面复杂结构，适用于探索性分析（马胡杰等，2015）。正是基于 PLS-SEM 方法的优势，其在学术研究中被广泛使用，越来越多的研究领域使用了 PLS-SEM 方法，如信息系统研究、市场研究等领域（Henseler et al.，2016），该方法在管理学、经济学研究领域的应用呈逐渐上升的趋势，在众多知名期刊中均有使用该方法的论文出现，如王伟光等（2015）、林家宝等（2015）、王永贵等（2015）、盛天翔等（2008）的研究均采用了 PLS-SEM 方法。PLS-SEM 适用于关系复杂而前期理论匮乏的情形，而本书的重要目的是探讨社会资本、交易成本与流通渠道选择之间的关系,所以该方法适用于本研究。本书采用 Smart-PLS 2.0 作为 PLS-SEM 方法的软件工具,在运行结构方程模型之前,需要就整个问卷的信度和效度进行检验,以确保量表的统计价值。

1. 信度检验

信度检验,也称可靠性检验,是度量测量工具是否具有一定的稳定性与可靠性的分析方法。即信度分析是指衡量工具的稳定性与可靠性(黄海等,2001)。

本研究采用复合信度 C. R. (Composite Reliability) 值和 Cronbach's Alpha 的值来分析和测度量表信度,C. R. 与 Cronbach's Alpha 系数均介于 0~1,值越大表示量表的信度越高。根据 Nunnally (1978) 的检验标准,Cronbach's Alpha 系数≥0.7 表示量表的信度相当高,Cronbach's Alpha 系数一般不应小于 0.5。

2. 效度检验

效度检验是一种度量测量工具是否能够真正度量研究者想要衡量的问题的分析方法。构建效度是最重要的效度检验指标。构建效度是指测量量表反映概念和命题的内部结构的程度,也就是说,如果问卷调查的结果能够测量出其理论特征,使调查结果与理论预期相一致,就认为数据是具有构建效度的。

构建效度通常用聚合效度和区别效度来评价。聚合效度是指测量同一构念的多重指标彼此间聚合或关联的程度。聚合效度检验一般用平均变异抽取量(Average Variance Extracted, AVE)来判断,AVE 值越高,表示构念的聚合效度越高。既有的理论文献建议 AVE 值须大于 0.5 (Fornell & Larcker, 1981)。区别效度是指测量不同构念的多重指标间彼此相关程度高低的指标。各构念的 AVE 的平方根都高于其与其他构念的相关系数则表明各构念间具有较好的区别效度。

从 AVE 值来看,模型中潜变量 AVE 值均高于 0.5,说明潜变量具有较高的聚合效度;区别效度检验如表 5-10 所示。区别效度通过比较每个潜变量 AVE 的算术平方根和该变量与其他变量间相关系数来评价。表 5-10 中对角线上 AVE 算术平方根大于相应非对角线位置上的相关系数,说明潜变量具有较好的区别效度。

表 5-10 模型区别效度检验

	不确定性 U	资产专用性 SP	交易频率 F	结构维度 S	关系维度 R	认知维度 CO	渠道选择 C
不确定性 U	0.8488						
资产专用性 SP	-0.2399	0.829					
交易频率 F	-0.0671	0.2389	0.9187				
结构维度 S	-0.1565	0.4628	0.5306	0.7675			

续表

	不确定性 U	资产专用性 SP	交易频率 F	结构维度 S	关系维度 R	认知维度 CO	渠道选择 C
关系维度 R	−0.2127	0.4425	0.4989	0.6377	0.788		
认知维度 CO	−0.173	0.2749	0.313	0.4655	0.5299	0.7668	
渠道选择 C	−0.2235	0.1904	0.356	0.3821	0.3771	0.4055	0.8363

注：对角线上方是 AVE 的算术平方根，对角线下方是相关系数矩阵。

模型设计是否合理，不仅要判断模型的信度、效度，还需要就其显著水平进行判断。模型的测量检验结果如表 5-11 所示，可以看出，该模型通过了信度和效度的检验。从表 5-11 可以看出，在利用 PLS-SEM 进行测量的模型中，潜变量的 Cronbach's Alpha 值属于信度可以接受的水平，复合信度 C.R. 的值介于 0.8105 和 0.9154 之间，说明变量的信度较高，量表具有内部一致性。从单个题项的因子载荷来看，除个别载荷略低于 0.7 以外，多数因子载荷均高于 0.7，说明题项具有较好的指标信度。所以，模型测量的信度较好，具有可靠性和稳定性。

表 5-11 测量模型检验结果

Item	Loading	T-value ***	C.R.	AVE	Cronbach's Alpha
交易成本					
不确定性					
UNC10	0.787	4.6243	0.8369	0.7205	0.6235
UNC14	0.9065	11.329			
资产专用性					
SPC06	0.8638	17.71	0.8144	0.6873	0.5483
SPC08	0.7928	9.5288			
交易频率					
FRE01	0.9265	48.937	0.9154	0.844	0.8156
FRE02	0.9108	34.2466			
FRE05	0.6292	29.3711			
社会资本					
结构维度					
STRU02	0.7378	9.9585	0.8507	0.589	0.7644
STRU11	0.8447	23.4925			
STRU12	0.7896	17.6133			
STRU19	0.689	8.757			

续表

Item	Loading	T-value***	C.R.	AVE	Cronbach's Alpha
关系维度					
REL10	0.7258	8.6244			
REL11	0.8619	25.06	0.8205	0.6053	0.688
REL14	0.7391	12.4662			
认知维度					
COG01	0.729	6.3165			
COG02	0.7946	10.5423	0.8105	0.588	0.6539
COG03	0.7754	9.2062			
渠道					
CHO05	0.9678	32.977	0.8187	0.6994	0.6426
CHO06	0.6998	4.415			

注：C.R.为复合信度；AVE为平均提取方差；*** 表示所有指标的载荷都在0.01的水平上显著。

综上所述，通过对量表进行信度和效度的检验，本量表应用PLS-SEM进行模型检验，发现该量表具有较好的信度和效度，可以通过信度和效度检验。

第五节　实证结果分析

一、PLS-SEM结构模型检验结果

本书通过入户调查的方式获得了陕西省121户蔬菜种植农户的调查问卷数据，在社会资本、交易成本相关理论研究的基础上，提出了社会资本、交易成本对农户流通渠道选择的影响因素模型，在对变量的信度检验、效度检验以及对结构模型进行检验的基础上，依据PLS-SEM软件（Smart-PLS 2.0）获得了各变量之间的路径系数以及各系数的显著性水平（见图5-1和表5-12）。模型的整体拟合程度GOF为0.3861，说明该模型具有一定的拟合优度。

表5-12　路径系数与显著性水平

	路径系数	T值	显著性水平
结构维度S—不确定性U	-0.1058	0.7234	n
结构维度S—资产专用性SP	0.304	2.638	P<0.01
结构维度S—交易频率F	0.3571	3.2353	P<0.01

续表

	路径系数	T值	显著性水平
结构维度S—渠道选择C	0.1843	1.162	n
关系维度R—不确定性U	-0.1108	0.713	n
关系维度R—资产专用性SP	0.2474	1.7914	P<0.1
关系维度R—交易频率F	0.2688	2.1081	P<0.05
关系维度R—渠道选择C	0.1253	1.014	n
认知维度CO—不确定性U	-0.065	0.4194	n
认知维度CO—资产专用性SP	0.0023	0.0221	n
认知维度CO—交易频率F	0.0044	0.0406	n
认知维度CO—渠道选择C	0.2533	1.8149	P<0.1
不确定性U—渠道选择C	-0.1394	1.6617	P<0.1
资产专用性SP—渠道选择C	-0.0384	0.3289	n
交易频率F—渠道选择C	0.1831	1.6751	P<0.1

注：表中符号n表示假设检验结果不显著。

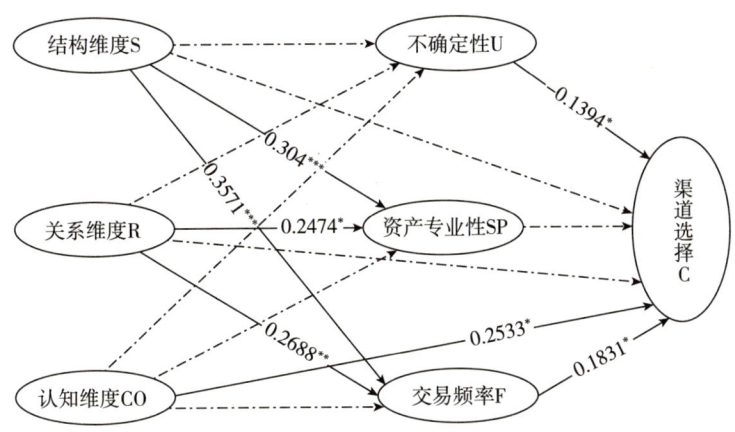

图5-1　农产品流通渠道选择的PLS-SEM模型实证结果①

注：虚线路径显示未通过显著性检验，图中＊表示P<0.1，＊＊表示P<0.05，＊＊＊表示P<0.01。

二、结构方程模型结果分析

从上述检验结果来看，社会资本的认知维度和交易成本中交易频率因素会对农

---

① 显著性水平的标准参考了王永贵，马双，杨宏恩．服务外包中创新能力的测量、提升与绩效影响研究——基于发包与承包双方知识转移视角的分析[J]．管理世界，2015（6）：85-98．

户选择组织化流通渠道产生正向影响。即社会资本的认知维度水平越高,越有利于农户利用组织化的流通渠道进行农产品销售,而农户的交易频率越高,越有利于农户利用组织化的流通渠道进行农产品销售。

在社会资本对交易成本的影响作用中,农户社会资本的结构维度水平的提高有助于增加农户资产专用性投资、农户社会资本的结构维度水平的提高有助于农户交易频率的提高、农户社会资本的关系维度水平的提高有助于增加农户资产专用性投资、农户社会资本的关系维度水平的提高有助于农户交易频率的提高。

研究假设检验结果如表5-13所示。

表5-13 研究假设检验结果

编码	研究假设	成立与否	显著性
第一组假设:交易成本与农户农产品流通渠道的选择			
H11	农户交易的不确定性程度越高,越有利于农户利用组织化的渠道进行农产品的销售	不成立	显著
H12	农户的资产专用性越强,越有利于农户利用组织化的渠道进行农产品的销售	不成立	不显著
H13	农户的交易频率越大,越有利于农户利用组织化的渠道进行农产品的销售	成立	显著
第二组假设:社会资本与农户农产品流通渠道的选择			
H21	农户社会资本的结构维度越高,越有利于农户利用组织化渠道销售农产品	成立	不显著
H22	农户社会资本的关系维度越高,越有利于农户利用组织化渠道销售农产品	成立	不显著
H23	农户社会资本的认知维度越高,越有利于农户利用组织化渠道销售农产品	成立	显著
第三组假设:社会资本对农产品流通中交易成本的影响			
H31	农户社会资本的结构维度可以降低农产品流通中的不确定性影响	成立	不显著
H32	农户社会资本的结构维度可以增加农户资产专用性投资	成立	显著
H33	农户社会资本的结构维度可以提高农户交易的频率	成立	显著
H34	农户社会资本的关系维度可以降低农产品流通中的不确定性影响	成立	不显著
H35	农户社会资本的关系维度可以增加农户资产专用性投资	成立	显著
H36	农户社会资本的关系维度可以提高农户交易的频率	成立	显著
H37	农户社会资本的认知维度可以降低农产品流通中的不确定性影响	成立	不显著
H38	农户社会资本的认知维度可以增加农户资产专用性投资	成立	不显著
H39	农户社会资本的认知维度可以提高农户交易的频率	成立	不显著

1. 交易成本与农户农产品流通渠道选择

交易成本中不确定性对农户组织化流通渠道选择带来显著负向影响(β=-0.1394,P<0.1),资产专用性对农户组织化流通渠道选择的影响系数为负但并不显著(β=

-0.0384，P 值不显著），与研究假设 H11 和 H12 不符。而交易频率显著正向影响农户组织化流通渠道的选择（β=0.1831，P<0.1），符合研究假设 H13。

（1）造成交易成本中市场不确定性因素显著负向影响农户组织化流通渠道选择的原因可能包括以下两点：

一方面，调查区域仍然以小农经济为主，农户长期以来依靠收购商上门进行农产品收购，交易价格随行就市，而且由于所调研的区域属于陕西省蔬菜主产区，产地集中吸引了来自全国各地的众多收购商贩，同时市场不确定性会带来价格波动和需求大幅变化，对于看重眼前利益、追求落袋为安的小农户来说，选择在田间地头销售蔬菜就成了最主要的决策方式，所以在订单农业未发育、农村合作经济组织发展缓慢的地方，不确定带来的市场波动、销售不稳定会影响农户对组织化流通渠道的采纳意愿。

另一方面，调查过程中，发现农村合作组织基本没有发挥其应有的作用，在协调农户的生产与市场需求方面缺乏应有的信息桥梁，导致农户的生产存在盲目性，而农户在选择农产品种植品种时，常常是看村里人上年种了什么赚钱了，就决定今年也种什么，或者是与自己上年种植相同的品种，而不会依据更广泛的信息来源决定种植的品种，这就导致在同一区域范围内，农户生产的品种具有同质性，同质化生产具有一定的优势，但也存在劣势。优势表现为生产的区域规模化可以产生集聚效应，吸引客商上门收购；不足之处就是当大量同类产品集中上市之时，会导致市场供求关系发生变化，此时农户会急于出手收获的农产品，只要有人收购就会销售，从而导致实证结果与假设不相符的情况出现。

（2）资产专用性因素对农户选择组织化的流通渠道影响不显著，与蔬菜生产种植特点有关，蔬菜生产专用性投资一方面表现为知识的投入，另一方面表现为生产资料的投入，农户的蔬菜生产种植知识虽然具有一定的专业性，但这类知识具有可迁移性，即使不种蔬菜或不种某类蔬菜，农户常年积累起来的务农知识一样有助于农户进行其他农业生产种植活动；而生产资料的专用性投入中除了蔬菜大棚的投入以外，对其他农机具需要量很少（调研中有部分农户反映其投资购买了旋耕机），农户不会期望通过订单农业或其他组织化的流通方式来降低资产专用性投资带来的风险，所以资产专用性对菜农选择组织化流通渠道的决策并不具有约束力，导致该变量对农户选择组织化流通渠道的影响不显著。

（3）交易频率对农户选择组织化的流通渠道具有显著的正向影响。这个原因是显而易见的。如果农户种植的蔬菜产量大，那么其面临的上市压力就大，农户当然希望与组织化的流通渠道建立合作关系，进而锁定销售渠道，稳定供货关系，保证产品有稳定的销路，所以农户农产品交易频率越高，越有利于农户利用组织化的流通渠道进行农产品销售。

2. 社会资本与农户农产品流通渠道选择

社会资本中结构维度正向影响农户组织化流通渠道的选择，符合研究假设 H21，但是并不显著（β=0.1843，P 值不显著），关系维度同样对农户组织化流通渠道的选择产生正向影响，符合研究假设 H22，但依然不够显著（β=0.1253，P 值不显著），而正向影响且为显著的则是认知维度，其对农户组织化流通渠道的选择产生显著正向影响（β=0.2533，P<0.1），符合研究假设 H23。

（1）社会资本结构维度对农户组织化流通渠道的选择产生正向影响，但不显著，可能的理由如下：

首先，社会资本的结构维度反映了农户所拥有的关系、信息和网络连接等内容，大量农户并没有采取组织化的渠道进行农产品的销售，而是大部分采用了市场渠道中与长期合作的购销商进行合作的方式，所以，当农户拥有与固定的购销商的社会联系时，会影响农户对组织化流通渠道的选择。

其次，信息虽然对农户的生产和流通具有重要性，但是作为农户来说，小农特征导致其仅仅是信息的被动接受者，其对于信息的需求并不具有主动性和积极性，农户并不会因为需要市场信息而选择与组织化渠道进行交易。

最后，由于中国传统农户所具有的封闭性特点，农户所具有的结构维度社会资本仍然较多属于同质性的社会资本，即农户的主要结构社会资本是与其具有同样背景、同样生活经历的农户，这样的结构维度缺乏弱联系的激励作用，而涉农的龙头企业也没有在农村深耕市场，使农户并没有渠道建立与涉农企业的联系。从上述分析可以看出，农户社会资本结构维度对农户组织化流通渠道的选择会产生正向影响，但是影响结果不显著。

（2）社会资本关系维度对农户组织化流通渠道的选择产生正向影响，但不显著，可能的理由如下：社会资本的关系维度反映了农户的信任、互惠和声誉机制，由于农户在长期蔬菜种植过程中已经与一些长年从事蔬菜收购的运销大户或收购商建立了联系，形成了一些固定的购销关系网络，农户已经对收购商形成了信任关系，在长期的合作中，收购商也会对农户采用让利、高于市场价格进行收购等行为维系与农户的长期合作关系。在调研过程中，有一位农户甚至坦言她大棚里收获的西红柿根本不用发愁销路，每隔两天就有一位固定的收购商上门来收购，这种情况已经持续了好几年，而且会继续采取这种方式进行销售，这样就会影响农户对组织化流通渠道的选择，所以社会资本的关系维度对农户农产品流通渠道的影响不显著是可以理解的。

（3）对农户选择组织化流通渠道具有显著性正向影响的因素是社会资本的认知维度。社会资本认知维度是社会资本各维度中最具有抽象性也最容易被忽视的一个维度，而这一维度对农户选择组织化流通渠道的影响则是正向且显著的。农户社会资本的认知维度是指嵌入在农户所生活的社会网络中对农户的行为具有规范作用的价值观念和共享的行为范式等,通过价值观念和社会准则促进农户参与社会经济活动,而农户具有的社会资本认知维度水平越高,说明农户在交易中越认同社会的基本价值准则,而这将有助于在农户与组织化流通渠道主体间搭建起交易的平台,在双方共同具有的价值观主导下,开展交易和合作。所以社会资本认知维度对农户组织化流通渠道的选择具有正向而显著的影响。

3. 社会资本与交易成本的关系

社会资本能有效降低交易成本,基于社会资本的三维度因素分析,发现结构维度对交易成本的不确定性具有负向影响,符合研究假设H31,但不显著（$\beta=-0.1058$,P值不显著）;对资产专用性具有显著的正向影响（$\beta=0.304$,$P<0.01$）,符合研究假设H32;对交易频率具有显著正向影响（$\beta=0.3571$,$P<0.01$）,符合研究假设H33;社会资本的关系维度对交易成本的不确定性具有负向影响,符合研究假设H34,但不显著（$\beta=-0.1108$,P值不显著）;对资产专用性具有显著正向影响（$\beta=0.2688$,$P<0.1$）,符合研究假设H35;对交易频率具有显著正向影响（$\beta=0.2688$,$P<0.01$）,符合研究假设H36;社会资本的认知维度对交易成本的不确定性具有负向影响,符合研究假设H37,但不显著（$\beta=-0.065$,P值不显著）;对资产专用性具有正向影响,符合研究假设H38,但不显著（$\beta=0.0023$,P值不显著）;对交易频率具有正向影响,符合研究假设H39,但不显著（$\beta=0.0044$,P值不显著）。

社会资本的结构维度和关系维度对交易成本的资产专用性和交易频率产生显著正向影响,这与社会资本的作用有关,在社会资本的关系网络和信任机制的作用下,农户与其他交易主体构建良好的关系,形成互信和互惠机制,对于农户来说,可以提高资产专用性投资,而不用担心对方机会主义行为可能对自己造成的损失,而互信和互惠的行为有助于双方加强交易的强度,提高交易的频率,所以结构维度和关系维度可以有效提高农户的资产专用性投资以及交易的频率。

而社会资本的各维度对于交易的不确定性具有负向影响,尽管存在不显著性。因为通过社会资本的作用,强化了农户所拥有的关系网络、加强了社会的信任关系和交易中的互惠行为,这有助于缓解农户在生产和市场交易中的不确定性,即农户的社会资本水平越高,越有利于降低农户交易的不确定性。

社会资本的认知维度对于资产专用性和交易频率具有正向影响,尽管存在不显著性。认知维度通过共享的价值观和社会规范体系对市场主体进行规制,在一个遵守公序良俗的社会,菜农可以对资产专用性进行大力投资,且可以进行大量的交易和高频的交易,而不用担心欺骗和欺诈行为发生。

本章在理论假设的基础上,运用对陕西菜农的121份入户调查数据,采用PLS-SEM模型方法对理论模型进行了验证。通过实证分析,证明了社会资本的结构维度、关系维度对交易成本的资产专用性和交易频率具有显著的正向影响,社会资本的认知维度和交易成本中交易频率因素对农户选择组织化流通渠道具有显著正向影响，与研究假设相符；除不确定性对农户流通渠道选择具有显著的负向影响，资产专用性对农户流通渠道选择具有不显著的负向影响，与假设不符外，其他实证结果与研究假设均相符但不显著。

总体来说，尽管理论模型的研究假设没有得到全部的验证，但是仍然可以发现，社会资本、交易成本对农户选择组织化的流通渠道具有一定的影响，社会资本和交易成本均正向影响农户采用组织化的流通渠道进行农产品的流通交易。

第六章 社会资本嵌入视角的农户契约稳定性研究

本书第五章分析了社会资本、交易成本对农户农产品流通渠道选择的影响,证明了社会资本和交易成本都会对农户农产品流通渠道的选择产生影响,认为社会资本的积累有利于农户选择组织化的流通渠道,农产品流通时具有较高交易成本也有利于农户选择组织化的流通渠道。本章将通过博弈模型分析农户选择组织化流通渠道后社会资本对契约稳定性的影响,从而证明社会资本能够帮助农户提高契约的稳定性,有利于农业产业化的发展。

第一节 提升农户契约稳定性的方式

一、农户契约保持稳定的意义

在组织化的流通渠道构建过程中,契约的稳定性对于流通渠道市场主体关系的稳定和购销关系的稳定具有重要的意义。

1. 农户契约的稳定性对于农户的生产具有重要的意义

对于在市场化条件下进行农业生产活动的农户来说,由于种植的面积是一定的,农户如果不改变种植的产品种类,基本上每年种植产品的产量会在一定的范围内保持稳定。如果与合作社交易或与龙头企业交易时能保持契约的稳定性,农户就基本上可以保证收获的产品具有销路,相当于提前锁定了下游用户,依据分工理论,农户只需要专心进行生产,产品收获以后就直接进入流通过程,通过合作社或龙头企业的渠道进入市场,农户不再需要经过市场的搜寻、与经销商进行讨价还价等过程,这有利于农户节约流通环节的交易成本,专心从事农业生产,而且对农户收入也有一定的保障作用。

2. 农户契约的稳定性对于合作社或龙头企业具有重要的意义

合作社或龙头企业作为组织化流通渠道中重要的组成部分,其希望上游的采购订单能保持稳定,这种稳定性有助于流通渠道中与农户直接交易的市场主体提前安排下游的销售数量和产品的品种,提前与流通环节的下一个环节针对销售计划进行商谈，对于市场主体的计划性安排具有意义。保持契约的稳定性也有助于降低龙头企业信息搜寻的成本，通过与农户的直接合作，龙头企业可以对农户生产产品的品质实施监督，同时龙头企业也可以依据企业自身的质量标准要求，对契约农户提出生产操作方面的要求和建议，从而有利于所收购农产品品质的稳定和农产品质量水平的提高。

3. 农户契约的稳定性对于消费者具有重要的意义

农户契约保持稳定对于终端消费者而言也具有重要的意义，通过产业化的流通渠道进行农产品的销售，有助于农户按照龙头企业的标准进行农业生产，能在一定程度上提高农产品的质量和品质标准，能提供放心消费、安全消费的市场环境，使消费者买到安全的农产品，保证消费者"舌尖上的安全"，同时农产品通过组织化渠道进行销售，可以低成本高效率地从生产环节进入流通环节，有助于消费者以较低价格购买到符合食品安全标准的产品，方便消费者的消费活动，有利于消费者福利水平的提高。

4. 农户契约的稳定性对于农业产业化进程具有重要的意义

通过稳定的契约连接，农户与组织化的市场主体之间能形成稳定的产销关系，这种稳定的关系有助于农产品产业链通过分工深化形成完善的产业体系，同时形成稳定的农产品流通渠道，通过稳定的产供销过程将农产品低成本、高效率地送到终端消费环节，有助于缓解农产品价格由于供需失衡导致的剧烈波动，稳定农产品的供需关系，从而有利于农产品产业链的深化和优化。

综上所述，农户与合作社或龙头企业的契约保持稳定，无论是对于契约双方还是从社会效益来看，都具有重要的意义，但是从实践过程来看，农户的契约常常是不稳定的，农户违约的行为常常发生，发生违约的情形通常是在市场价格发生上涨时，农户有较大的动机采取违约行为而直接向市场进行产品的销售；此外在市场行情低于契约价格的情形下，则可能发生农户低价从市场收购产品，然后将收购产品按照契约价格卖给龙头企业的情况，当然这种情况发生的概率较低，但是我们在调研过程中，确实有龙头企业反映其公司曾经发生过类似的事情。所以，基于现实中农户与组织化市场主体的契约常常存在不稳定倾向，众多的学者对该问题进行了研究，提出了提高农户契约稳定性的方法。

二、提高农户契约稳定性的方法

1. 引入中介组织可以提高龙头企业与农户之间契约的稳定性

在龙头企业与农户的合作模式中，如果存在中介组织，即合作社介入两者之间，作为生产者和龙头企业的中间环节，龙头企业只需和中介组织签订合约，龙头企业从原来直接与农户进行收购的过程变为通过中介组织进行收购的模式,这种模式的好处是,中介组织本身就是由农民构成的,所以中介组织直接与农户打交道,能提高交易的集中度,降低交易谈判、签约和履约的成本,节约由此耗费的时间和资源,从而降低交易成本(刘凤芹,2003)。农业产业化龙头企业和农产品生产者之间发展一个农产品中介组织,可以达到降低各种交易成本和提高声誉的目的,从而有效提高农产品订单履约的概率(王火根,2011)。在龙头企业与农户不完全契约与机会主义倾向的前提下,增加中介组织(合作社)可以有效督促双方的履约行为,同时有利于提高农民的组织化程度、降低交易成本、提高双方契约关系的稳定性,是我国农业产业化组织未来演进的方向(王亚飞和唐爽,2013)。

2. 增加资产专用性可以提高农户契约的稳定性

在对供应商和制造商关系进行研究时发现,制造商和供应商之间的联盟程度与双方的资产专用性之间都有正向关联(Heide & John,1990)。资产专用性的增强可以加强合作伙伴之间的信任,反过来又会产生更多的合作行为(Liu et al.,2009)。所以农业产业化组织的契约稳定性随着产品专用性投资、技术专用性投资以及人力资本专用性投资的增加而增加(俞雅乖,2008)。龙头企业拥有大量专用性资产是龙头企业与农户合作的重要推动力,也是维持两者契约稳定性的重要因素(宋茂华,2013)。

3. 建立社会资本可以提高农户契约的履约率

关系治理这种社会资本可以增加农户与龙头企业彼此的信任与依赖,使农户与龙头企业之间利益趋于一致,从而实现增强契约稳定性、降低风险的目的,所以加强约束机制、建立关系治理有利于稳定、提高履约率,促进农户续约意愿(黄梦思等,2018),该方法通过社会资本的治理和交易成本的节省机制共同作用于农户与龙头企业的契约安排。此外,通过限制性进入、集体认可和声誉等方式,社会资本嵌入机制不仅可以加强双方的信任关系,也可以弥补公司和农户契约履约机制不足的缺陷。社会资本对农户契约保持稳定的作用可以从降低交易成本、降低监督成本以及充当生产要素三个方面产生影响,社会资本与契约环境共同制约了农户与交易者间的契约选择,所以只有在关系治理和契约治理并重的情况下,社会资本才能抑制交易的不确定性,维持契约稳定(刘诚和杨其静,2012),由此可以看出,社会资本嵌入农户与龙头企业之间,通过有效降低两者之间的交易成本,提高了农户契约的稳定性,提高了农户与交易者之间合作程度,进而形成正反馈效应,进一步促进了农户与龙头企业之间的合作密切程度,强化了契约的稳定性。

综上所述,农户契约稳定性问题已得到了广泛关注,不同学者从不同视角进行了讨论分析。现有研究已经注意到社会资本在农户契约关系中的重要性,但大部分研究是从案例或者实证分析出发描述社会资本在农户契约关系中的作用,而社会资本对农户契约稳定性起作用的机理并没有深入涉及,所以尽管从实证分析可以发现社会资本会对此类契约的稳定性产生正向作用,但却无法从理论上加以证明,本章将社会资本所涵盖的信任、信誉、社会规范和人际关系网络变量引入博弈模型,建立完全信息静态博弈模型和无限阶段重复博弈模型,研究农户与龙头企业之间契约关系的稳定性问题。本章理论模型建立分为两个步骤:首先建立社会资本中信任和信誉的博弈模型,对比分析引入信任和信誉机制前后农户与龙头企业的博弈均衡条件,阐述引入社会资本后对于交易双方契约稳定性的作用;其次在上述模型基础上,引入社会规范和人际关系网络的变量,同样对比分析引入社会规范和人际关系网络前后交易双方的博弈均衡条件,阐述社会资本所起的契约稳定器的作用。

第二节 基于社会资本嵌入的农户契约博弈模型分析

一、博弈模型的变量设定

本书假设模型中博弈双方一方是农户,另一方为合作社或龙头企业等(为描述方便起见,下文将合作社与龙头企业统称为龙头企业,因为下文的模型对于合作社也同样适用)。若博弈双方进行交易不能带来预期收益,如龙头企业不能对农户提供有效激励从而未能获得高质量的农产品等,则龙头企业和农户就会违约而去农产品交易市场买卖农产品。

各变量设定如下:博弈双方的契约固定价格为 P_f,博弈双方履约时的市场价格为 P_i,农户生产的农产品数量为 Q,农户的生产成本为 W,交易双方达成交易所耗费的交易成本为 C,龙头企业从农户处购买农产品并对其进行加工后商品附加值为 A(该数值为加工后商品的增加值,已经扣除了商品的采购成本和加工成本)。龙头企业的经营行为分为三阶段:第一阶段,龙头企业从农户处购买商品;第二阶段,龙头企业加工商品,商品附加值为 A;第三阶段,龙头企业在市场上销售商品。本章所有变量符号如表 6-1 所示。

表 6-1 本章所采用的变量符号及其含义

变量符号	变量含义
P_f	博弈双方的契约固定价格
P_i	博弈双方履约时的市场价格
Q	农户生产的农产品数量
W	农户的生产成本
C	交易双方达成交易所耗费的交易成本
A	龙头企业从农户处购买农产品并对其进行加工后商品附加值

续表

变量符号	变量含义
E	若一方违约需向对方支付的违约金
α	交易一方违约而另一方获得赔偿的概率
γ	农户与龙头企业收益的贴现率
θ	道德约束水平
W_1	农户违约损失的信誉值
W_2	龙头企业违约损失的信誉值
P	非正式规范中农户或龙头企业出现违约行为的损失
M_1	人际关系网络的形成对农户的益处
M_2	人际关系网络的形成对龙头企业的益处
S	人际关系网络形成的成本
η_1	农户交付政府监督费用的比例
η_2	龙头企业交付政府监督费用的比例

二、未引入社会资本时农户与龙头企业的博弈模型

1. 农户与龙头企业初始的博弈模型

作为一个比较基础，首先讨论在农户与龙头企业签订正式契约，但无任何约束的单次交易下，博弈双方的投资决策问题，此时交易的完成取决于对价格的谈判。农户通过市场搜寻、交易谈判，订立了交易的契约。两者间的具体博弈矩阵如表6-2所示。

表6-2 农户与龙头企业履约的原始博弈矩阵

		龙头企业	
		履约	违约
农户	履约	P_fQ-W-C $A+P_iQ-P_fQ-C$	P_iQ-W-C $A-C$
	违约	P_iQ-W-C $A-C$	P_iQ-W-C $A-C$

当农户与龙头企业均履约时，农户收益为P_fQ-W-C；龙头企业收益为$A+P_iQ-P_fQ-C$。

农户和龙头企业均违约时，农户收益为P_iQ-W-C；龙头企业收益为$A-C$，龙头企业在市场上购买农产品，加工后在市场上进行销售，购买价格与销售价格均为P_i（已将龙头企业加工收益的增加值设为A）。

而当农户违约、龙头企业履约时,农户收益为 P_iQ-W-C;龙头企业收益为 $A-C$。

当农户履约、龙头企业违约时,农户收益为 P_iQ-W-C,由于交易一方违约,另一方只能在市场进行交易,所以交易价格为 P_i,龙头企业收益为 $A-C$。

(1) 在市场行情好,即 $P_i>P_f$ 时,对于农户来说 $P_iQ-W-C>P_fQ-W-C$,无论龙头企业选择何种行为,农户选择违约的收益始终大于履约收益,所以农户选择违约。

(2) 在市场行情不好,即 $P_i<P_f$ 时,对于龙头企业来说 $A+P_iQ-P_fQ-C<A-C$,龙头企业会选择违约。

可见,由于存在着机会主义行为,当市场行情发生变化后,无论是农户还是龙头企业都有强烈的动机发生违约行为。如果市场价格高于契约价格,则农户具有违约的倾向,通过直接向市场销售农产品获得市场溢价;而龙头企业则倾向于履行契约,因为其能够以较低的契约价格收购农产品并在市场上以高价销售,从而获得市场溢价。而当市场价格低于契约价格时,龙头企业具有违约的倾向,其倾向于通过违约并以较低的市场价格从其他农户手中收购农产品,避免向契约农户支付较高的契约收购价格,而农户则希望龙头企业能履约,从而通过高于市场价格的履约价格获得较高的收入水平。

更极端的情况是当契约价格低于市场价格时,农户很可能隐藏产量信息来减少交付履约的农产品数量,将隐藏而未交付的农产品按照市场价格卖给其他市场主体;同理,当契约价格高于市场价格时,农户也可以虚报多于其自产的农产品数量来履约,增加履约农产品的数量,增加的农产品可以从市场上以低价购买,以此赚取合约价格与市场价格间的差价。由此可以看出,信息不对称导致的机会主义行为会带来道德风险,隐藏行为主体的行为和动机,使农户与龙头企业的契约无法保持稳定,契约的履约率低,无法形成有效的约束机制来保证契约的执行,这对于龙头企业稳定产销、农户锁定销售以及农业产业化的稳定发展都具有不利的影响。

综上所述,只要市场价格与契约价格存在不一致,在市场行情好或不好的情况下,契约都存在违约的可能性,导致契约稳定性差,契约难以执行。

2. 增加违约金的情况下保持农户契约稳定性的博弈模型

基于上述农户与龙头企业间存在的违约倾向,有部分学者建议在契约中增加违约金条款,通过该类条款,违约一方的违约成本增加,从而使具有违约倾向的一方对违约的成本和违约的收益进行权衡后而选择履约,有利于提高契约的稳定性(Seyedes et al., 2011),保证交易双方关系的持续性。

首先,在上述模型中增加违约金条款,即在契约中规定一方若违约则需向另一方支付违约金 E;交易中一方违约而另一方得到赔偿的概率为 α ($0<\alpha<1$)。农户交易博弈矩阵如表6-3所示。

表 6-3　增加违约金条件下农户与龙头企业履约的博弈矩阵

		龙头企业	
		履约	违约
农户	履约	P_fQ-W-C	$P_iQ-W+\alpha E-C$
		$A+P_iQ-P_fQ-C$	$A-C-\alpha E$
	违约	$P_i-W-\alpha E-C$	P_iQ-W-C
		$A-C+\alpha E$	$A-C$

农户与龙头企业都选择履约时，农户收益为 P_fQ-W-C；龙头企业收益为 $A+P_iQ-P_fQ-C$。农户与龙头企业都选择违约时，农户收益为 P_iQ-W-C；龙头企业收益为 $A-C$。

农户选择违约、龙头企业选择履约时，农户收益为 $P_iQ-W-\alpha E-C$；龙头企业收益为 $A-C+\alpha E$。

农户选择履约、龙头企业选择违约时，农户收益为 $P_iQ-W+\alpha E-C$；龙头企业收益为 $A-C-\alpha E$。

（1）在市场行情好，市场即期价格高于契约价格，即 $P_i>P_f$ 时，龙头企业的占优均衡为选择履约。

当 $P_fQ-W-C-(P_iQ-W-\alpha E-C)>0$ 时，$\alpha E>P_iQ-P_fQ$，农户选择履约。

（2）在市场行情不好，市场即期价格低于契约价格，即 $P_i<P_f$ 时，农户的占优均衡为选择履约。

而对于龙头企业来说，$A+P_iQ-P_fQ-C-(A-C-\alpha E)>0$，即 $\alpha E>P_fQ-P_iQ$，龙头企业选择履约。

综上所述，在农户与龙头企业交易的合约中增加违约金条款以后，交易双方的履约倾向取决于契约价格与交货时市场价格之间的差额大小和合同条款中设计的违约金大小。如果设计的违约金 E 足够大，且强制执行的概率 α 也足够大（趋于1），αE 的乘积大于契约价与市场价差额和销售量的乘积，契约就将得到很好地履行。因此，增加违约金条款能够改善交易双方之间契约的稳定性。

然而在农户与龙头企业的契约博弈过程中，由于我国农户数量众多且居住分散、生产规模小，如果在合约中规定的赔偿金额 E 足够大，超过了单个农户的赔偿能力，则农户往往会拒绝签订合约。所以，在制定违约金 E 时往往设计较少金额的赔偿条款来增加农户参与签订契约的积极性。所以，龙头企业期望通过提高赔偿金额 E 来增加博弈双方契约关系稳定性的做法往往较难实现。

此外，针对一方违约导致交易对手获得赔偿的概率 α 来说，赔偿概率 α 的大小取决于履约成本、诉讼成本以及交易双方的谈判能力。当龙头企业违约时，小农户们一般面临着较高的协调成本乃至难以承受的高昂的诉讼成本，农户们普遍的"搭便车"心理也会导致诉讼意愿下降,所以,面对龙头企业的违约行为多数农户都选择放弃诉讼的权力。以此类推,龙头企业也面临着同样的困境以及同样的行为选择。

总之,增加违约金虽然能够部分地改善农户契约的稳定性,但是在违约金金额较小、获得赔偿概率较低的前提下,博弈双方存在着契约稳定性低、合作关系脆弱等弊端。

从上述博弈模型分析可以看出,在契约中增加违约金条款后,博弈双方自发履约的倾向较低,即便增加违约金也不具有约束力,无法提升契约的稳定性,所以下文将社会资本引入博弈模型,来分析双方契约稳定性的变化。

三、社会资本嵌入后农户契约的无限重复博弈模型

1. 引入信任度与信誉值维度的博弈模型

社会资本嵌入治理是通过关系网络、信任和互惠、规范和公民参与等方式实现的,这样博弈双方在做出违约决策时,不仅需要考虑违约所带来的当期收益,还要考虑违约带来的长期潜在收益的损失。运用社会资本嵌入可以改变交易双方得益结构,保持契约的稳定性。

社会资本嵌入中信任度的提高可以增强交易双方彼此的信任,减少相互的猜忌和无谓的摩擦。在契约订立前,相互的信任可以降低交易双方的谈判成本,降低沟通所耗费的时间;在契约执行中,相互的信任有助于交易的顺利进行,降低监督、检测等方面的成本;而在契约履约后,相互的信任有助于下一阶段的续约,总之,信任度的提高有助于交易成本的下降。

一般而言,人与人之间的信任,特别是熟人间的信任,可以依靠道德约束来提高,通过道德约束使合作的双方建立信任关系、强化信任关系。特别是在我国,在一个长期受伦理本位思想影响的社会,提起信任建设,人们更愿意求助于道德约束,而一旦失信,首先被指责的就是道德的缺失,"见利忘义""背信弃义"等都是对失信行为在道德上的谴责(杨义凤,2013)。所以信任度的提高有助于降低人们对道德约束的要求,即交易双方的互信行为可以不借助或较少借助道德的约束力量来提升契约的执行水平,从而降低人们对道德约束水平的要求。

就社会资本中的声誉机制而言,由于声誉具有"累积"效应,对于博弈双方来说获得声誉比失去声誉更难。获得声誉需要长期良好合作关系的积累,通过每次合作的满意感积累声誉,促进声誉水平的提高,但是只要双方交易时,某一市场主体发生一次违背信誉的行为,那么其长期积累起来的声誉就毁于一旦。所以单次非合作行为可能会给市场主体带来收益,但是他却是用短期的经济收益换取长期积累的声誉,会给自身造成长远收益损失,要弥补此类损失,重建市场主体

在市场中的声誉,所需要付出的就不是一两次的努力行为;而如果市场主体采取合作行为,遵守诚信原则,努力维持自身的声誉,虽然有可能会因受到交易对方的欺骗而遭受一时的经济损失,但却会进一步增加其社会声誉,带来长远的收益。同时博弈双方可能会采取"触发"策略,即如果农户履约,则博弈方选择继续履约并会持续。但是,如果农户违约,采取了偏离合作的均衡,那么博弈方就会在下一阶段选择不合作,这是一个"触发"战略,一旦一方欺骗了另一方,它受到的惩罚就是永久的。

假设博弈双方的贴现率均为 $\gamma(0<\gamma<1)$;交易双方为无限重复博弈,n 趋向于无穷大;因为交易双方之间的信任可以影响彼此间成本(彼此间的信任度越高,其谈判时间等会有所减少,从而交易双方的交易成本越低),我们假设信任约束为 θ,则交易双方的交易成本为 θ 的函数,则 $0 \leq \theta \leq 1$,讨论两种极端的情况:当 $\theta=0$ 时,意味着交易双方完全信任,交易成本为 0,当 $\theta=1$ 时,意味着交易双方完全不信任,交易成本较高,我们假设极端情况不会发生;W_1 为农户违约损失的信誉值,W_2 为企业、合作社等交易方违约损失的信誉值;P_i 为 i 时期的市场价格;交易方购买农产品通过加工后商品的增加值为 A。

农户签订了第一期契约以后,此后的 N 期交易将基于第一期交易的履约情况而定,即本章假定如果第一期的合同交易双方都进行了履约,则此后的每期合同交易双方都选择履约,如果第一期出现了违约,则此后的每期双方都选择不合作,而是在农产品市场进行交易(见图 6-1)。

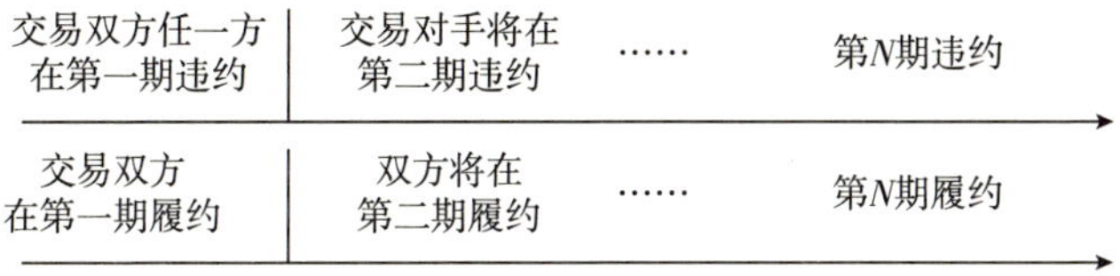

```
交易双方任一方        交易对手将在                      第N期违约
 在第一期违约          第二期违约           ……

交易双方            双方将在                        第N期履约
在第一期履约         第二期履约            ……
```

图 6-1 博弈双方交易图示

博弈双方的第一期收益如表 6-2 所示。农户从第二期开始,在 N 次博弈中的合同交易收益为 π_1,合同交易的前提是第一期交易中交易双方同时按照合同的约定进行履约,从而农户从第二期开始选择履约,一直到第 N 期。

$$\pi_1 = \sum_{i=2}^{n} \frac{P_f Q - W - \theta C}{(1+\gamma)^{i-1}}$$

如果龙头企业在第一期交易中选择违约,则农户将在第二期开始选择在市场中进行交易,直到第 N 期,农户在市场中进行交易的收益为 π_2。

$$\pi_2 = \sum_{i=2}^{n} \frac{P_i Q - W - W_1 - C}{(1+\gamma)^{i-1}}$$

以此类推，龙头企业从第二期开始，在 N 次博弈中按照合同约定进行交易的收益为 π_3。

$$\pi_3 = \sum_{i=2}^{n} \frac{A + P_i Q - P_f Q - \theta C}{(1+\gamma)^{i-1}}$$

龙头企业从第二期开始，选择在市场中按照市场价格进行交易的收益为 π_4。

$$\pi_4 = \sum_{i=2}^{n} \frac{A - C - W_2}{(1+\gamma)^{i-1}}$$

双方的收益矩阵如表 6-4 所示。其中，若第一期交易双方均履约，则农户 N 期收益为 $P_f Q - W - C + \pi_1$；龙头企业 N 期收益为 $A + P_i Q - P_f Q - C + \pi_3$。

若第一期交易双方均违约，则交易双方从第二期开始在市场进行交易，农户 N 期在市场交易的收益为 $P_i Q - W - C - W_1 + \pi_2$；龙头企业 N 期在市场交易的收益为 $A - W_2 - C + \pi_4$。

若第一期农户违约、龙头企业履约，则交易双方从第二期开始在市场进行交易，农户 N 期收益为 $P_i Q - W - C - W_1 + \pi_2$；龙头企业 N 期收益为 $A - C + \pi_3$。

若第一期农户履约、龙头企业违约，则交易双方从第二期开始在市场进行交易，农户 N 期收益为 $P_i Q - W - C + \pi_1$；龙头企业 N 期收益为 $A - W_2 - C + \pi_4$。

表 6-4　引入信任度和信誉值后农户与龙头企业履约的博弈矩阵

农户		龙头企业	
		履约	违约
农户	履约	$P_f Q - W - C + \pi_1$	$P_f Q - W - C + \pi_1$
		$A + P_i Q - P_f Q - C + \pi_3$	$A - W_2 - C + \pi_4$
	违约	$P_i Q - W - C - W_1 + \pi_2$	$P_i Q - W - C - W_1 + \pi_2$
		$A - C + \pi_3$	$A - W_2 - C + \pi_4$

（1）在市场行情好，市场即期价格高于契约价格，即 $P_i > P_f$ 时，因为交易双方在选择违约或者履约的情形下，会对另外一方产生不同的影响，所以下面对两类参与者分别进行讨论。

从龙头企业的角度来看，由表 6-4 可知，当农户选择履约时，亦即龙头企业选择履约的条件为 $A - C + P_i Q - P_f Q + \pi_3 - (A - W_2 - C + \pi_4) > 0$ 时，龙头企业会选择履约；当农户违约时，龙头企业仍然选择履约的条件为 $(A - C + \pi_3) - (A - W_2 - C + \pi_4) > 0$，即在此条件下龙头企业会选择履约。

$$\pi_3 - \pi_4 = \sum_{i=2}^{n} \frac{A + P_i Q - P_f Q + \theta C}{(1+\gamma)^{i-1}} - \sum_{i=2}^{n} \frac{A - C - W_2}{(1+\gamma)^{i-1}}$$

$$= \sum_{i=2}^{n} \frac{P_i Q - P_f Q + (1-\theta) C + W_2}{(1+\gamma)^{i-1}} > 0$$

所以，当农户履约时，龙头企业履约的条件成立，即：

$A-C+P_iQ-P_fQ+\pi_3-(A-W_2-C+\pi_4)=P_iQ-P_fQ+W_2+(\pi_3-\pi_4)>0$

当农户违约时，龙头企业履约的条件依然成立，即：

$(A-C+\pi_3)-(A-W_2-C+\pi_4)=W_2+(\pi_3-\pi_4)>0$

所以，在市场行情好时，履约为龙头企业的占优战略。

从农户的角度来看，当龙头企业选择履约时，农户履约的条件为 $(P_fQ-W-C+\pi_1)-(P_iQ-W-C-W_1+\pi_2)>0$，即在此条件下农户选择履约，否则违约。

$$\pi_1-\pi_2=\sum_{i=1}^n\frac{P_fQ-W-\theta C}{(1+\gamma)^{i-1}}-\sum_{i=1}^n\frac{P_iQ-W-W_1-C}{(1+\gamma)^{i-1}}$$

$$=\sum_{i=2}^n\frac{P_fQ-P_iQ+(1-\theta)C+W_1}{(1+\gamma)^{i-1}}$$

所以，当：

$$(P_fQ-W-C+\pi_1)-(P_iQ-W-C-W_1+\pi_2)$$

$$=P_fQ-P_iQ+W_1+\sum_{i=2}^n\frac{P_fQ-P_iQ+(1-\theta)C+W_1}{(1+\gamma)^{i-1}}>0$$

时，农户会选择履约。

当龙头企业与农户之间开始无限重复博弈，即 n 趋向于无穷时，

$$\sum_{i=2}^n\frac{P_fQ-P_iQ+(1-\theta)C+W_1}{(1+\gamma)^{i-1}}=\frac{1}{\gamma}[(P_fQ-P_iQ)+(1-\theta)C+W_1]$$

则，

$$P_fQ-P_iQ+W_1+\sum_{i=2}^n\frac{P_fQ-P_iQ+(1-\theta)C+W_1}{(1+\gamma)^{i-1}}$$

$$=\left(1+\frac{1}{\gamma}\right)[(P_fQ-P_iQ)+W_1]+\frac{1}{1+\gamma}(1-\theta)C>0$$

所以可以得到：

$$P_iQ-P_fQ<(1-\theta)C\frac{\gamma}{(1+\gamma)^2}+W_1$$

令 $\frac{\gamma}{(1+\gamma)^2}=\beta$，市场价格与契约价格之间的差异导致农户的收益在区间 $[0, (1-\theta)C\beta+W_1]$ 波动，农户的占优均衡是履约。此时交易双方均履约，契约达到稳定状态。

（2）在市场行情不好，市场即期价格低于契约价格，即 $P_i<P_f$ 时，从农户的角度来看，当龙头企业选择履约时，农户选择履约的条件为：

$(P_fQ-W-C+\pi_1)-(P_iQ-W-C-W_1+\pi_2)>0$

当龙头企业违约时,农户履约的条件为:

$(P_iQ-W-C+\pi_1)-(P_iQ-W-C-W_1+\pi_2)>0$

$(P_fQ-W-C+\pi_1)-(P_iQ-W-C-W_1+\pi_2)=P_fQ-P_iQ+W_1+(\pi_1-\pi_2)>0$

由此可知,龙头企业履约时,农户选择履约。

$(P_iQ-W-C+\pi_1)-(P_iQ-W-C-W_1+\pi_2)=\pi_1-\pi_2+W>0$

所以当市场行情不好,履约为农户的占优策略。

从龙头企业的角度来看,在农户选择履约的前提下,即 $(A+P_iQ-P_fQ-C+\pi_3)-(A-W_2-C+\pi_4)>0$ 时,龙头企业会选择履约,否则选择违约。

所以,当:

$$A+P_iQ-P_fQ-C+\pi_3-(A-W_2-C+\pi_4)=W_2+(P_iQ-P_fQ)+(\pi_3-\pi_4)$$

$$=W_2+(P_iQ-P_fQ)+\sum_{i=2}^{n}\frac{P_iQ-P_fQ+(1-\theta)C+W_2}{(1+\gamma)^{i-1}}>0$$

时,龙头企业会选择履约,当龙头企业与农户间进行无限重复博弈,即 n 趋向于无穷时,

$$\sum_{i=2}^{n}\frac{P_iQ-P_fQ+(1-\theta)C+W_2}{(1+\gamma)^{i-1}}=\frac{1}{\gamma}[(P_iQ-P_fQ)+(1-\theta)C+W_2]>0$$

得到 $P_iQ-P_fQ>W_2-(1-\theta)C\beta$。

对于龙头企业来说,当市场价格与契约价格之间的差异导致收益在区间 $[-W_2-(1-\theta)C\beta,\infty]$ 波动时,龙头企业的占优均衡是履约。此时农户与龙头企业均选择履约,契约达到稳定状态。

由此可得,在社会资本嵌入时,龙头企业的收益波动区间为 $[-W_2-(1-\theta)C\beta,\infty]$,农户的收益波动区间为 $[0,(1-\theta)C\beta+W_1]$。当收益的波动偏离此区间时,一方就会有违约冲动。在此基础上继续分析。

假设收益以 Y 的幅度上下波动,且 $Y\sim N(\mu,\sigma^2)$,交易双方履约的概率为 p。龙头企业履约的条件为 $P_iQ-P_fQ>W_2-(1-\theta)\beta C$;农户履约的条件为 $P_iQ-P_fQ<(1-\theta)C\beta+W_1$。

要满足农户与龙头企业共同履约的条件,令 $P_iQ-P_fQ=\pi$,则有:

$p=\text{Prob}(-W_2-(1-\theta)C\beta<\pi<(1-\theta)C\beta+W_1)$

$=1-\text{Prob}(\pi<W_2-(1-\theta)C\beta)-\text{Prob}(\pi>(1-\theta)C\beta+W_1)$

$=\dfrac{1}{\sqrt{2\pi}\sigma}\left[\int_{-\infty}^{W_1+(1-\theta)C\beta-\mu}e^{-\frac{t^2}{2\sigma^2}}dt+\int_{-\infty}^{W_2+(1+\theta)C\beta+\mu}e^{-\frac{t^2}{2\sigma^2}}dt\right]-1$

对上式 p 分别求关于 W_1、W_2 和 θ 的偏导,可以得到:

$\dfrac{\partial p}{\partial W_1}=\dfrac{1}{\sqrt{2\pi}\sigma}e^{-\frac{[W_1+(1-\theta)C\beta-\mu]^2}{2\sigma^2}}>0$

$$\frac{\partial p}{\partial W_2} = \frac{1}{\sqrt{2\pi}\sigma} e^{-\frac{[W_2+(1-\theta)C\beta+\mu]^2}{2\sigma^2}} > 0$$

$$\frac{\partial p}{\partial \theta} = -\frac{1}{\sqrt{2\pi}\sigma} \left\{ e^{-\frac{[W_1+(1-\theta)C\beta-\mu]^2}{2\sigma^2}} + e^{-\frac{[W_2+(1-\theta)C\beta+\mu]^2}{2\sigma^2}} \right\} < 0$$

由此可得，p 为 W_1、W_2 的增函数，为 θ 的减函数，即交易双方履约的概率随着交易双方因违约导致的信誉损失值的增大而增大，随着道德约束水平的降低，交易双方履约的概率增加。由此说明，双方违约导致的信誉值 W_1、W_2 损失的增加有利于契约履约率的增加；而信任的增加使信任约束 θ 减少，从而使履约率提高。

（3）信任和信誉机制作用于契约稳定性的原因。我们通过博弈模型验证了信任和信誉机制有助于龙头企业与农户保持契约的稳定性，而信任和信誉作用于契约稳定性的原因包括以下几点：

1）从不确定性的角度思考，龙头企业不能对农产品的市场需求进行准确预测，在未嵌入社会资本时，龙头企业不愿意承诺购买固定数量的农产品，因此不确定性会使交易契约的履约难度增加。当农产品交易以信任和信誉为特征时，自发的合作便成为可能，因为双方共享了有价值的信息，信息分享越充分，交易主体之间所获得的信息也越多，在龙头企业与农户履约的博弈中，在契约中规定的农产品价格与市场价格之间差额会越小，差额越小，违约一方因为违约而多得到的收益也就越少，所以违约的可能性会降低。

2）信任和信誉对于交易成本的影响十分关键，一旦交易双方之间建立了交易关系，并且形成了互信和信誉机制，信任和信誉机制就可以充分发挥降低交易成本的作用。首先，在双方建立互信且遵循信誉机制的情况下，双方签约前进行讨价还价所花费的时间较少，因为龙头企业相信农户会按照契约的要求进行生产、交易，同样农户也会相信龙头企业会履行合约，这样交易双方就可以花较少的时间和资源去监督和分析对方是否有违约的倾向，从而降低了签约之前的信息成本和谈判成本。其次，对于双方交易的结果预期来说，由于交易双方之间存在信任和信誉机制，交易双方对未来交易具有可预期性，即交易双方都预期未来交易会持续且互利行为将长期发生作用，通过交易双方的收益可持续增加，或者起码能保持现状。如果违约的话预期的合作行为会发生破裂，而预期的收入将无法获得保证，尽管从短期看违约可能导致当期收入流增加，但长期的收入却无法预期，这样就增加了违约一方采取机会主义行为的成本，强化了交易双方契约稳定性，有助于长期合作关系的建立和维持。最后，信任可以有效降低监督成本和执行成本。在高度信任条件下，交易双方相信对方是不会违约的，因而在签订合约之后交易双方就不需要再花费大量时间和精力去进行契约执行的监督和事后的处理。在双方信誉度很高的情况下，双方的信任和承诺也会得到保证。因此，信任是合作的前提，信誉是合作的黏合剂，合作的行为强化了交易的稳定性，保证了契约履约率的提高。所以在社会资本的信任和信誉机制作用下，信任度和信誉度越高，交易双方对合作关系的满意度就越高，契约的稳定性就越强。

2. 引入社会规范与人际关系网络维度时的博弈模型

前文仅仅考虑了社会资本中信任和信誉机制对于龙头企业和农户契约稳定性的影响，交易双方存在着信任和信誉的约束条件，提升了契约履约率，属于基于契约双方社会资本中内部约束关系的作用，而社会资本除了存在交易双方的内部约束关系以外，还包括交易双方之外的外部规范约束，本章将继续研究在引入社会资本信任与信誉机制的基础上，再引入社会资本中的社会规范与人际关系网络对契约履约的影响。

规范包括正式制度规范与非正式制度规范。正式制度指各种通过立法机构明确制定的法律法规以及各行政部门或地方政府制定的规章制度等，通过明确的条款对行为主体的行为进行规定；而非正式制度则是在长期的社会经济生活中自然形成的具有"潜规则"性质的规定，这类规范虽然没有明文规定，但是在行为人的活动中具有约定俗成、不言自明的作用，是人们为了社会共同生活和长期交往的需要所形成风俗习惯、价值观、宗教礼仪和意识形态等，具有非强制执行性，但对行为人的行为方式具有一定的约束。社会规范对行为人的作用机制表现在通过公序良俗对行为人的行为进行规范，提供一种大众认可的行为模式，告诉行为人应该做什么、怎样做以及不能做什么的标准，调试行为人的行为从而整合社会秩序，通过公众舆论、非议、责备等方式对违背社会规范的行为人进行惩罚。如中国传统农村宗族社会中的宗规族约就是一种社会规范，利用族法族规对宗族里的个体行为进行约束，如果违背某一约定，有一套处理办法进行惩处。

社会资本所涉及的规范主要是指非正式制度的规范。其作用主要表现在通过非正式制度的规范，形成与正式制度的替代和补充，特别是中国正处于转型期的发展阶段，正式制度不足以对经济活动提供全面而完善的保护，所以寻求非正式制度的约束有助于约束和规范其他经济主体的不规范行为，减少社会摩擦，实现对守信合规行为的正向激励作用（彭晖等，2017），提高正式制度的实施效率。

本书假设：博弈模型中社会资本的非正式制度规范发挥作用，F 为非正式规范中交易双方出现违约行为的损失，即违约成本；α 为违约双方受到处罚的概率（$0<\alpha<1$），表示在违约时，如因违背规范而受到处罚时，交易双方会接受处罚的概率，故违约方因违约受处罚而导致的损失值为 αF，并假设当双方都违约时，社会对交易双方的惩罚均为 αF。此处作为违背社会规范而导致的违约损失 F 与前文所涉及的因为违约而导致的信誉值损失，两者是有区别的。社会规范是通过外界的标准作用于行为人，对行为人的行为产生约束作用，信誉则是行为人在与他人发生联系的过程

中通过自身的行为取向而导致的结果,所以作用机理是不同的,但是当发生违背规范的行为或是失信行为发生时,都会使交易受到损失,在这一点上,两者具有共同性。

社会资本中的人际关系网络也会对交易关系产生重要的影响。首先交易反映了人与人之间的关系,而通过信任建立起的人际关系网络对重复交易具有强化作用,形成关系网络中特有的交易准则,促进网络关系中成员之间更紧密的合作。

本章假设:契约模型中社会资本的人际关系网络发挥作用。人际关系网络的形成对农户的益处为 M_1、对龙头企业的益处为 M_2;由于双方重复不断交往,社会中发生的各种行政管理费用为 S,由交易双方按比例分摊,η_1、η_2 分别为农户与龙头企业缴纳政府管理费用的比例,且 $\eta_1+\eta_2=1$。

农户从第二期开始,在 N 次博弈中的合同交易收益为:

$$\pi_1 = \sum_{i=2}^{n} \frac{P_f Q - W - \theta C - \eta_1 S + M_1}{(1+\gamma)^{i-1}}$$

农户在市场交易的收益为:

$$\pi_2 = \sum_{i=2}^{n} \frac{P_i Q - W - W_1 - C - \eta_1 S + \partial F}{(1+\gamma)^{i-1}}$$

龙头企业从第二期开始,在 N 次博弈中的合同交易收益为:

$$\pi_3 = \sum_{i=2}^{n} \frac{A + P_i Q - P_f Q - \theta C - \eta_2 S + M_2}{(1+\gamma)^{i-1}}$$

龙头企业在市场交易的收益为:

$$\pi_4 = \sum_{i=2}^{n} \frac{A - C - W_2 - \eta_2 S - \alpha F}{(1+\gamma)^{i-1}}$$

双方的收益矩阵如表 6-5 所示。

交易双方均履约时,农户收益为 $P_f Q - W - C - \eta_1 S + M_1 + \pi_1$,龙头企业收益为 $A + P_i Q - P_f Q - C - \eta_2 S + M_2 + \pi_3$。

交易双方均违约时,农户收益为 $P_i Q - W - C - W_1 - \eta_1 S - \alpha F + \pi_2$,龙头企业收益为 $A + W_2 - \eta_2 S - \alpha F + \pi_4$。

农户违约、龙头企业履约时,农户收益为 $P_i Q - W - C - W_1 - \eta_1 S - \alpha F + \pi_2$,龙头企业收益为 $A - \eta_2 S + M_2 + \pi_3$。

农户履约、龙头企业违约时,农户收益为 $P_i Q - W - C - \eta_1 S - \alpha F + \pi_1$,龙头企业收益为 $A - W_2 - C - \eta_2 S - \alpha F + \pi_4$。

表6-5 社会规范嵌入后农户与龙头企业契约的博弈矩阵

		龙头企业	
		履约	违约
农户	履约	$P_fQ-W-C-\eta_1S+M_1+\pi_1$ $A+P_iQ-P_fQ-C-\eta_2S+M_2+\pi_3$	$P_iQ-W-C-\eta_1S-\alpha F+\pi_1$ $A-W_2-C-\eta_2S-\alpha F+\pi_4$
	违约	$P_iQ-W-C-W_1-\eta_1S-\alpha F+\pi_2$ $A-\eta_2S+M_2+\pi_3$	$P_iQ-W-C-W_1-\eta_1S-\alpha F+\pi_2$ $A+W_2-\eta_2S-\alpha F+\pi_4$

（1）在市场行情好，市场即期价格高于契约价格，即 $P_i > P_f$ 时，从龙头企业的角度来看，在农户选择履约时，

$$(A+P_iQ-P_fQ-C-\eta_2S+M_2+\pi_3)-(A-W_2-C-\eta_2S-\alpha F+\pi_4)>0$$

龙头企业会选择履约。

在农户选择违约时，

$$(A-C-\eta_2S+M_2+\pi_3)-(A-W_2-C-\eta_2S-\alpha F+\pi_4)>0$$

龙头企业会选择履约。

又因为，

$$\pi_3-\pi_4=\sum_{i=2}^{n}\frac{A+P_iQ-P_fQ-\theta C-\eta_2S+M_2}{(1+\gamma)^{i-1}}-\sum_{i=2}^{n}\frac{A-C-W_2-\eta_2S-\alpha F}{(1+\gamma)^{i-1}}$$

$$=\sum_{i=2}^{n}\frac{P_iQ-P_fQ+(1-\theta)C+M_2+W_2+\alpha F}{(1+\gamma)^{i-1}}$$

所以，

$$(A+P_iQ-P_fQ-C-\eta_2S+M_2+\pi_3)-(A-W_2-C-\eta_2S-\alpha F+\pi_4)$$
$$=P_iQ-P_fQ+M_2+W_2+\alpha F+(\pi_3-\pi_4)>0$$
$$(A-C-\eta_2S+M_2+\pi_3)-(A-W_2-C-\eta_2S-\alpha F+\pi_4)$$
$$=W_2+M_2+\alpha F+(\pi_3-\pi_4)>0$$

因此，履约为龙头企业的占优策略。

从农户的角度来看，当龙头企业履约，即：

$$(P_fQ-W-C-\eta_1S+M_1+\pi_1)-(P_iQ-C-W_1-\eta_1S-W-\alpha F+\pi_2)>0$$

时，农户会选择履约，否则选择违约。

$$\pi_1-\pi_2=\sum_{i=2}^{n}\frac{P_fQ-W-\theta C-\eta_1S+M_1}{(1+\gamma)^{i-1}}-\sum_{i=2}^{n}\frac{P_iQ-W-W_1-C-\eta_1S-\alpha F}{(1+\gamma)^{i-1}}$$

$$=\sum_{i=2}^{n}\frac{P_fQ-P_iQ+(1-\theta)C+M_1+W_1+\alpha F}{(1+\gamma)^{i-1}}$$

$$= \frac{1}{\gamma}[P_fQ-P_iQ+(1-\theta)C+M_1+\alpha F+W_1]$$

所以,

$(P_fQ-W-C-\eta_1S+M_1+\pi_1)-(P_iQ-W-C-W_1-\eta_1S-\alpha F+\pi_2)$

$= P_fQ-P_iQ+W_1+M_1+\alpha F+\frac{1}{\gamma}[P_fQ-P_iQ+(1-\theta)C+M_1+\alpha F+W_1]$

$= \left(1+\frac{1}{\gamma}\right)(P_fQ-P_iQ+W_1+M_1+\alpha F)+\frac{1}{\gamma}(1-\theta)C>0$

农户会选择履约,当交易双方进行无限重复博弈,即 n 趋向于无穷时,

$\left(1+\frac{1}{\gamma}\right)(P_fQ-P_iQ+W_1+M_1+\alpha F)+\frac{1}{\gamma}(1-\theta)C>0$

可以得到:

$(P_i-P_f)Q<(1-\theta)C\frac{1}{1+\gamma}+W_1+M_1+\alpha F$

这里令 $\frac{1}{1+\gamma}=\beta$,市场价格与契约价格之间的差异导致农户收益在区间 $[0,(1-\theta)C\beta+W_1+M_1+\alpha F]$ 波动,因此农户的占优均衡是履约。此时交易双方均履约,契约达到稳定状态。

(2) 在市场行情不好,市场即期价格低于契约价格,即 $P_i<P_f$ 时,对于农户来说,在龙头企业选择履约时,

$(P_fQ-W-C-\eta_1S+M_1+\pi_1)-(P_iQ-W-C-W_1-\eta_1S-\alpha F+\pi_2)>0$

农户会选择履约;

在龙头企业选择违约时,

$(P_iQ-W-C-\eta_1S-\alpha F+M_1+\pi_1)-(P_iQ-W-C-W_1-\eta_1S-\alpha F+\pi_2)>0$

农户会选择履约。又因为,

$\pi_1-\pi_2=\sum_{i=2}^{n}\frac{P_fQ-W-\theta C-\eta_1S+M_1}{(1+\gamma)^{i-1}}-\sum_{i=1}^{n}\frac{P_iQ-W-W_1-C-\eta_1S-\alpha F}{(1+\gamma)^{i-1}}$

$=\sum_{i=2}^{n}\frac{P_fQ-P_iQ+(1-\theta)C+W_1+M_1+\alpha F}{(1+\gamma)^{i-1}}>0$

所以,

$(P_fQ-W-C-\eta_1S+M_1+\pi_1)-(P_iQ-W-C-W_1-\eta_1S-\alpha F+\pi_2)$

$=P_fQ-P_iQ+M_1+W_1+\alpha F+(\pi_1-\pi_2)>0$

又因为,

$(P_iQ-W-C-\eta_1S-\alpha F+M_1+\pi_1)-(P_iQ-W-C-W_1-\eta_1S-\alpha F+\pi_2)$

$=\pi_1-\pi_2+W_1+\alpha F+M_1>0$

因而履约为农户的占优策略。

对于龙头企业来说，在农户选择履约的前提下，

$(A+P_iQ-P_fQ-C-\eta_2S+M_2+\pi_3)-(A-W_2-C-\eta_2S-\alpha F+\pi_4)>0$

龙头企业会选择履约，否则选择违约。所以，在下列情况下龙头企业会选择履约：

$(A+P_iQ-P_fQ-C-\eta_2S+M_2+\pi_3)-(A-W_2-C-\eta_2S-\alpha F+\pi_4)$

$=W_2+(P_iQ-P_fQ)+M_2+\alpha F+(\pi_3-\pi_4)$

$=W_2+(P_iQ-P_fQ)+M_2+\alpha F+\sum_{i=2}^{n}\dfrac{P_iQ-P_fQ+(1-\theta)C+M_2+W_2+\alpha F}{(1+\gamma)^{i-1}}>0$

当交易双方进行无限重复博弈，即 n 趋向于无穷时，

$\sum_{i=2}^{n}\dfrac{P_iQ-P_fQ+(1-\theta)C+M_2+W_2+\alpha F}{(1+\gamma)^{i-1}}$

$=\dfrac{1}{\gamma}[(P_iQ-P_fQ)+M_2+\alpha F+W_2+(1-\theta)C]>0$

所以可以得到：

$P_fQ-P_iQ<W_2+M_2+\alpha F+\dfrac{1}{1+\gamma}(1-\theta)C$

因此，当市场价格与契约价格之间的差异导致龙头企业收益在区间 $\left[0,\ W_2+M_2+\alpha F+\dfrac{1}{1+\gamma}(1-\theta)C\right]$ 波动时，龙头企业的占优均衡是履约。此时交易双方均履约，契约达到稳定状态。

由此可得，在社会正式规范嵌入时，龙头企业的收益波动区间为 $[-W_2-M_2-\alpha F-(1-\theta)C\beta,\ \infty]$，农户的收益波动区间为 $[0,\ (1-\theta)C\beta+W_1+M_1+\alpha F]$。若收益的波动偏离此区间，一方就会有违约冲动。在此基础上继续分析。

假设收益以 Y 的幅度上下波动，且 $Y\sim N(\mu,\sigma^2)$。双方履约的概率为 p。龙头企业履约的条件为 $P_iQ-P_fQ>-W_2-M_2-\alpha F-(1-\theta)C\beta$，农户履约的条件为 $P_iQ-P_fQ<(1-\theta)C\beta+W_1+M_1+\alpha F$。

令 $P_iQ-P_fQ=Y$，则可以得到：

$p=\text{Prob}(-W_2-M_2-\alpha F-(1-\theta)C\beta<P_iQ-P_fQ<(1-\theta)C\beta+W_1+M_1+\alpha F)$

$=1-\text{Prob}(Y\leqslant W_2-M_2-\alpha F-(1-\theta)C\beta)-\text{Prob}(Y>(1-\theta)C\beta+W_1+M_1+\alpha F)$

$=\dfrac{1}{\sqrt{2\pi}\sigma}\left[\int_{-\infty}^{W_1+(1-\theta)C\beta+M_1+\alpha F-\mu}e^{-\frac{t^2}{2\sigma^2}}\,dt+\int_{-\infty}^{W_2+(1-\theta)C\beta+M_2+\alpha F+\mu}e^{-\frac{t^2}{2\sigma^2}}\,dt\right]-1$

对上式 p 分别求关于 M_1、M_2 和 F 的偏导，可以得到：

$\dfrac{\partial P}{\partial M_1}=\dfrac{1}{\sqrt{2\pi}\sigma}e^{-\frac{[W_1+(1-\theta)C\beta+M_1+\alpha F-\mu]^2}{2\sigma^2}}>0$

第六章　社会资本嵌入视角的农户契约稳定性研究

$$\frac{\partial P}{\partial M_2} = \frac{1}{\sqrt{2\pi}\sigma} e^{-\frac{[W_2+(1-\theta)C\beta+M_2+\alpha F+\mu]^2}{2\sigma^2}} > 0$$

$$\frac{\partial P}{\partial F} = \frac{1}{\alpha\sqrt{2\pi}\sigma}\left\{ e^{-\frac{[W_1+(1-\theta)C\beta+M_1+\alpha F-\mu]^2}{2\sigma^2}} + e^{-\frac{[W_2+(1-\theta)C\beta+M_2+\alpha F+\mu]^2}{2\sigma^2}} \right\} > 0$$

由此可得，p 为 M_1、M_2、F 的增函数，即交易双方履约的概率随着社会网络关系对合同履约的益处的增大而增大，随着非正式制度规范对违约的消极影响的增大而增大。因此，随着人际网络关系与社会资本中非正式制度规范影响的增加，交易双方履约受到的影响也随之增加，双方履约的概率更大。与单纯加入社会资本中道德与信誉约束相比，同时增加人际网络关系与非正式制度规范能够加大交易双方的收益波动区间的长度，使收益的波动偏离此区间的概率更低，从而使交易双方契约的稳定性更强。

此外，人际网络关系的影响 M_1、M_2 一般来说会远远大于违约金的影响，所以在制定相关政策时，增加人际网络关系的约束比未引入社会资本时增加违约金条款的约束，其约束力度更大，契约稳定性更强。

（3）社会规范和社会关系网络作用于契约稳定性的原因分析。在引入社会资本中道德与信誉约束的同时，增加社会规范和人际关系网络能够在更大程度上改善交易双方契约的稳定性。社会规范和人际关系网络的作用有利于提高农户与龙头企业的契约稳定性的原因如下：

1）在农户与龙头企业交易的过程中，依靠法律、法规等强制执行履约的难度很大，由于正式制度不完善，执行成本高，完全依靠正式制度保障契约的履行是不现实的，所以社会规范作为非正式制度，发挥了对正式制度不足的补充作用，可以弥补正式制度的缺失，也对交易双方的行为进行约束。通过社会规范的作用，对交易双方产生约束力，防止农户或龙头企业之间某些机会主义行为的发生，使农户与龙头企业进行合作时，能通过遵从共同的行为规范，发挥契约自我执行的作用，提高农户与龙头企业契约的稳定性。

2）在农户与龙头企业的交易过程中，人际关系网络的作用表现在，通过关系网络建立有利于交易双方的稳定网络关系，通过信任机制避免交易过程中某一交易主体为了自身的利益目的而采取侵犯交易对手行为的发生，并通过长期关系的形成和维系，使交易主体在考虑自身利益时，不再局限于眼前的利益得失，而是考虑长期的关系稳定，从而寻求长期利益的最大化。此外，人际关系网络具有信息网络状传递的功能，若交易一方采取了违背规范的行动，则利益因此受损的一方会将该主体的行为在人际关系网络中传播，通过口耳相传的作用，引起关系网络中其他行为人的警惕，对该违背行为规范的行为人在以后的交易中产生不利的影响，导致其交易机会的减少。但与此相反，如果某行为人遵守社会规范，在人际关系网络中具有较好的口碑效应，那么会给该行为人带来正向的激励效应，使人际网络关系中的其他

117

市场主体争相与其交易，带来更多的交易机会。

所以社会资本特征中社会规范和人际关系网络对于农户与龙头企业履约的稳定性能够产生积极的影响。

3. 模型结果的计算机模拟

前文探讨了社会资本对农户契约的作用机制，提出了社会资本的关系维度和结构维度中的信任、信誉、社会规范、人际关系网络对农户与龙头企业契约稳定性的影响，并通过博弈模型分析了信任、信誉、社会规范和人际关系网络可以有效提高农户与龙头企业合作时契约的稳定性。为了探究模型假设的正确性，将采用参数模拟来进行检验，即从计算机模拟的角度出发，依据各参数的选取、变化对模型的影响，检验本章前述理论模型的正确性。

通过计算机模拟仿真分析社会资本各要素——信任、信誉、社会规范和人际关系网络嵌入对农户契约稳定性的影响。分析结果如图 6-2、图 6-3 和图 6-4 所示。

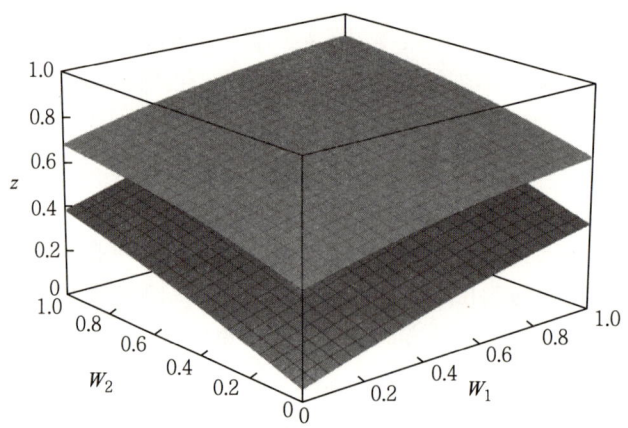

图 6-2　W_1、W_2、θ 与 p 之间关系图

对博弈模型中涉及的六个指标 W_1、W_2、θ、M_1、M_2、F 进行模拟。图 6-2 和图 6-3 描述的是农户契约在社会资本中的信任和信誉维度嵌入后的模拟图。在一个三维空间中，图 6-2 和图 6-3 横坐标分别代表交易双方信誉值 W_1、W_2，因为在现实生活中龙头企业的信誉损失值一般大于农户，所以本章假设 W_2 始终大于 W_1。纵坐标代表收益的波动区间 p。图像中加入变量 θ，因系数 C、β 均为固定常数，所以假设 $b=(1-\theta)C\beta$，将 b 作为变量加入图像中，其中上曲面图像 b_1 是下曲面图像 b_2 的 10 倍，即 $b_1=10b_2$。

图 6-4 描述的是社会资本中社会规范和人际关系网络嵌入后的模拟图。横坐标分别代表人际关系网络对交易双方的益处 M_1、M_2。从函数图像可以看到，各个变量

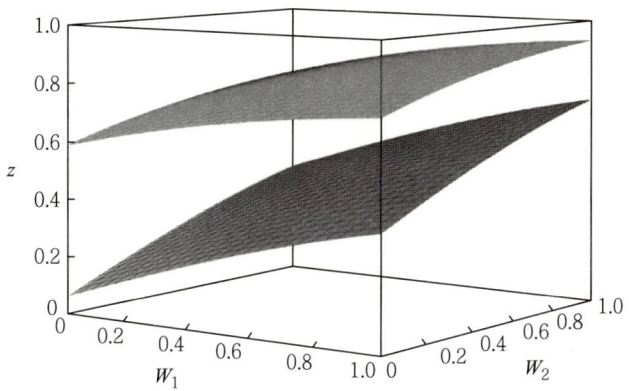

图 6-3　W_1、W_2、θ 与 p 之间关系侧视图

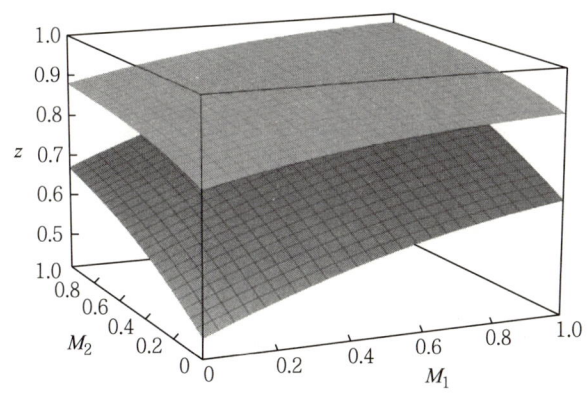

图 6-4　M_1、M_2、F 与 p 之间关系图

的单调性均与推导一致。其中龙头企业的信誉值 W_1、农户的信誉值 W_2、人际关系网络对交易双方的益处 M_1、M_2，均与收益的波动区间概率 p 具有显著的正向关系，一方违约时因信誉损失而遭受损失的值越大，交易者选择履约的倾向就会越高。双方彼此的信任约束水平 θ 的变化影响为 $(1-\theta)\beta C$，随着 θ 的减小，b 增加，导致收益的波动区间概率 p 增加，因为 $b_1=10b_2$，在 θ 不为零的前提下，上曲面图像始终高于下曲面图像，可以看出道德约束水平 θ 与收益的波动区间概率 p 具有显著的负向关系[1]。非正式制度规范对企业与农户发生违约行为的处罚 F 与收益的波动区间概率 p

---

[1] 前文假设信任度与道德约束呈负向关系，即在交易双方存在高度信任的状况下，就不需要或较少依靠道德约束机制的作用，即交易双方的互信行为可以不借助或较少借助道德的约束来提升契约的执行水平，从而降低依靠道德约束的作用。

具有正向影响，图6-4中上曲面图像F_1是下曲面图像F_2的10倍，即$F_1=10F_2$，说明违约造成的损失金额越大，交易双方违约的概率越小，收益的概率波动区间越大，契约越稳定。

故无论市场行情好或不好，农户选择履约的概率均会受到社会资本的影响。如果社会资本能在交易双方的契约中得到很好的维护与强化，那么合约的稳定性将会大大增强。

第三节 案例研究

为了验证上述模型的结论，下文采用案例研究的方法分析一家龙头企业与农户保持契约稳定性的方法。2017年4月，通过与陕西恒绿科技有限公司的高层管理人员进行面对面访谈的方式了解情况、收集资料，了解到陕西恒绿科技有限公司内部治理机制与外部契约选择情况。通过与和陕西恒绿科技有限公司合作的菜农以及陕西恒绿科技有限公司下属相关部门人员进行个别谈话的方式，了解到陕西恒绿科技有限公司对下游渠道的销售方式，结合交易成本理论、契约理论和治理机制理论分析社会资本对陕西恒绿科技有限公司与菜农契约稳定性的影响。

一、陕西恒绿科技有限公司的简介

陕西恒绿科技有限公司（以下简称"恒绿科技"）位于西安灞桥新合余家村。公司创始人赵宝成原为西安铁路职工教育学校的副校长，于2002年离职开始创业，从事蔬菜销售，于2005年7月成立西安恒绿科技发展有限公司，以无公害蔬果种植和销售为主营业务，注册资金为518万元。目前公司认证了无公害蔬菜生产基地21600亩，其中100余亩为示范园，具有技术推广、产品展示、生产加工等功能。公司自成立以来，不断加大对蔬菜流通加工设备的投入，建有陕西省内加工条件最好的净菜加工包装和配送车间8个、蔬菜自动包装生产线1条、蔬菜装箱生产线1条，建有5000立方米的冷库1座，购买配送车辆9台，此外还建立了农残检测室、培训教室、图书资料室、专家办公室等配套设施。

公司成立以后不断加强管理水平，逐渐树立了"科技引领、品牌带动、创新发展、服农富农"的经营理念。在这一经营理念的驱动下，公司取得了一系列的荣誉：公司拥有的注册商标"新合""恒绿"品牌于2011年、2012年先后获得陕西省著名商标称号，公司领办的恒绿蔬果专业合作社被评为"全国优秀示范社"，2012年陕西省科技厅授予"首批科技示范社"称号。公司"恒绿"品牌的蔬菜已经入驻沃尔玛、人人乐、华润万家等大型综合超市，年销售蔬菜达到1000万公斤，年营业额达到了3000余万元。公司已经走上了良性发展的轨道，但是恒绿科技的发展也经历了一段艰难的探索过程。

二、恒绿科技与农户合作过程中发生的问题

类似于大部分农业企业,恒绿科技与农户合作,按"订单收购"和"保底价收购"的原则,直接从农户处收购蔬菜,然而恒绿科技遭遇了契约履约困难,即农户频频违约。公司经营伊始,当年陕西省圆白菜市场收购价0.3元/斤,与恒绿科技跟农户签订的合约价格基本保持一致,农户履约情况较好。2006年上半年蔬菜行情发生了变化,圆白菜价格上涨至0.35元/斤,高于契约价格,许多农户隐瞒产量,通过谎称蔬菜被他人偷采等各种理由拒将蔬菜交由公司销售,而是将蔬菜高价卖给其他收购者,但当下半年价格下降到0.08元/斤时,农户则要求恒绿科技按合约价格收购,同时受利益驱使,有些农户甚至暗地里从其他市场渠道低价收购蔬菜并以比较高的价格卖给恒绿科技来赚取差价。在合作过程中,合作农户对企业也存在不信任感,农户不愿意与恒绿科技分享其种植方面的信息,即使恒绿科技有能力为农户提供生产和种植方面的建议,农户也不愿意相信,更不愿意按照恒绿科技的要求进行生产,导致一方面恒绿科技对从农户处收购的产品品质没有信心,另一方面农户订单履约率也难有保障。农户违约,再加上产品质量难以保证等问题,使恒绿科技发展初期较为艰难,合作对象也仅以周边村子的几十位农户为主。

当时恒绿科技尚处于发展初期,企业还没有建立起自己的品牌形象,与农户之间的合作也缺乏信任,无法建立信息共享机制,也暂时还没有形成与农户的社会资本关系,导致企业与农户合作过程中,农户具有较强的机会主义行为,而恒绿科技屡屡受到农户违约事件的困扰,对公司的发展具有不利的影响。

三、引入社会资本后恒绿科技与农户契约关系的变化

1. 通过建立信任关系保持与农户的合作

(1)恒绿科技与农户建立信任关系的演进过程。基于发展初期恒绿科技与农户之间合作的经验,恒绿科技发现仅仅依靠合同的力量来维系与农户的契约关系是脆弱的,而农户违约的成本很低,导致合约并不具有强制履行的作用,公司要想长期稳定发展,需要重新考虑如何处理与农户之间的关系问题。

随着公司经营规模不断扩大,公司已经逐渐意识到消费者对于食品安全问题的重视程度越来越高,公司一定要给消费者提供安全放心的蔬菜产品,并以此为突破口将蔬菜品牌做好做大,才能进入西安市高端蔬菜市场。于是,公司于2006年开始认证无公害蔬菜基地,迄今已认证了21600亩。在这么大面积的种植区域内种植什么品种的问题又被提到了议事日程,公司通过对全国蔬菜生产和消费市场的考察,决定将市场价值高的蔬菜品种,如娃娃菜、苦瓜、丝瓜等品种引进并加以推广,有些

品种的蔬菜甚至是西安本地原先没有生产种植的品种。为了鼓励农户积极并勇于尝试新蔬菜品种的种植，公司免费发放种子、低价销售肥料，提供技术指导和全程的咨询服务，并承诺收获时公司按照保底价进行收购。这样农户通过尝试后发现这些附加值高的蔬菜品种市场价格稳定，对农户收入提高有保证，于是农户就开始放心种植这类品种的蔬菜。公司通过这种方式，有效锁定了几大品类的蔬菜种植基地，保证了蔬菜品种多元化的需求和供货来源的稳定。

除此以外，恒绿科技利用企业自身的渠道优势和对市场的把握，以每年1000元/亩的价格通过土地流转租赁了100余亩土地作为蔬菜种植示范园，起到了技术推广和产品展示的作用，对于恒绿科技树立自己的品牌形象具有积极的意义。为了保证菜源的稳定和品质的保障，公司针对流转过来的100余亩示范园区起先是采取的"反租倒包"形式，由公司雇用农户进行生产，但是由于农业生产天然具有高监督成本的特性，公司生产效率下降、经营成本上升，为了扭转这种局面，公司于2008年领办成立了"西安恒绿蔬果专业合作社"，注册资本100余万元，公司出资90%，其余的股份由30余位农户认购，每人认购资金为1000元，这30余位农户就是合作社的核心社员，合作社其余成员的加入采取不缴纳股金的自由加入形式。由核心社员对合作社流转过来的土地进行承包，公司在示范园区内免费搭建温室大棚供承包农户使用，农户的义务就是要将所生产的蔬菜产品优先供应给公司，而公司在收购时以高于市场的价格进行收购，赵宝成总经理是这样解释的：一方面这个价格表现为优质优价，示范园区内农户承包生产的蔬菜严格按照公司的《无公害蔬菜生产技术规程》进行生产，生产环境、基地开发、种植管理、加工处理等方面都要受到严格的规范，所以，示范园区内农户生产的产品质量是具有充分保证的；另一方面高出市场价格的收购价格就相当于对合作社以资金入股社员的二次返利，这种返利是依据农户上交合作社进行销售的蔬菜交易量直接进行了现金的返还，核心农户直接获得收益。通过这种方式，恒绿科技一方面保证了公司稳定的蔬菜采购来源，另一方面也保证了蔬菜的品质和安全，有利于恒绿科技的产品达到各大超市的品质标准要求，进而顺利进入主流的流通渠道进行产品的销售，并深受终端消费者的喜爱。

对于公司与无公害生产基地内其他非核心社员的合作，公司的销售渠道无法保证所有社员所收获的蔬菜都能被收购，但由于公司具有广泛的销售网络关系，与市场上其他购销商保持着密切的联系，所以当基地内社员的某一类蔬菜大量上市，而公司自身无法全部消化时，公司就会推荐其他甚至外地的购销商过来大量采购，保证基地内农户的蔬菜不会滞销，不会出现菜烂在地里的情况，这样，基地内的农户虽然不是公司的核心农户，但与公司的关系也是非常密切的，公司相当于一个信息中介，承担着产销信息传递的作用。

第六章　社会资本嵌入视角的农户契约稳定性研究

(2) 信任关系的建立给农户带来的收益。通过恒绿科技的努力，农户已经对公司产生了信任感，与公司的合作不光有助于促进产品的销售，也有助于农户收入水平的提高，所以社会资本开始慢慢在农户和恒绿科技之间建立。恒绿科技与农户之间形成了彼此信任关系，使合作成为可能，即使公司与农户之间不签署纸质的拥有固定条款的契约，但是这种无形的交易契约已经在农户与公司之间形成。信任关系建立后，交易双方可以从多方面来降低交易成本。

恒绿科技通过多种方式与农户建立信任关系，从而降低菜农的生产和流通成本，主要采取了以下几个方面的措施：

1) 降低了农户的转移成本。在公司发展初期，恒绿科技面临着农户生产品种单一、品质不高，市场销售价格低迷的状况，公司花大力气进行了选种和培育，选出具有较高种植价值的主栽品种向农户推广，为了降低农户转移成本，使农户能放弃原先种植的传统产品而改种公司推荐的品种，公司免费向社员发放种子，制定保底价收购政策，打消了农户的后顾之忧，从而使农户顺利地从传统品种的种植转向以恒绿科技为主导推广的品种，降低了农户种植品种转换的成本。

2) 公司进行了大量的资产专用性投资。为了给农户提供更多优质的服务，使农户生产的产品在流通过程中也能保证品质，公司投资建立了冷库和仓库，添置了运输车，通过这种方式，能加大对农户生产产品的收购，通过仓库和冷库的储存，对大量上市的蔬菜能在一定程度上起到"蓄水池"的作用，对于市场价格的稳定也有一定的作用。此外，公司投资兴建的温室大棚免费给承包的农户使用，虽然公司承担了大量的投资，但是却锁定了基本的蔬菜来源，当市场上蔬菜供应出现青黄不接的时候，公司仍然有充足的供货来源。

3) 公司提供高于市场价格的收购价对农户产品进行收购。公司的经营理念是"不与民争利"，通过让利给农户，使农户有足够的激励将产品销售给公司，从而保证农户产品的销路。

(3) 信任关系的建立给恒绿科技带来的收益。对于恒绿科技而言，与农户的合作公司进行了大量的资产专用性投资，虽然做的是亏本买卖，但是公司也从与农户的合作中获得了收益，主要表现在以下几个方面：

1) 公司收获了符合公司品质要求的产品。虽然公司进行了资产专用性的投资，但是一方面农户必须严格遵守公司的操作规程进行种植，另一方面农户的产品必须优先供应给公司，所以对于公司来说，一方面产品品质有了保障，另一方面产品供货来源也有了保障。

2) 公司与农户建立的信任关系大大降低了交易成本，这种交易成本表现为公司不再需要进行大量的信息搜寻、交易谈判等过程，与农户的交易成为一种常规交易和惯例交易，农户也放心将产品交给公司销售，而结算周期为半个月结算一次。当

123

然，对于有特殊要求的农户，比如农户家里有用钱需要，需要提前结算，公司也毫不含糊，立即满足。对于农户而言，对公司的信任使他们放心对公司采用信用交易的方式，而非传统的农产品销售坚持一手钱一手货的结算方式，这对于公司缓解流动资金紧张、减轻银行贷款的压力具有一定的作用。所以，赵宝成总经理强调说他们经营十几年来，不存在资金紧张的问题，这得益于与农户之间密切的合作和信任关系的建立。

2. 通过声誉的约束机制来强化与农户交易的稳定性

恒绿科技不断加强管理水平，提高产品质量，提升品牌知名度，2007年获得西安市蔬菜类第一个名牌产品称号，之后公司的品牌形象进一步得到了提升，2009年公司被食安委评为"食品安全先进单位"、2010年公司被评为西安市农业龙头企业、2012年公司通过ISO9001质量管理体系认证。同时，恒绿科技在业务拓展过程中灵活运用乡情亲情关系，采取以公司总部所在地区灞桥区为圆心逐步向外拓展的扩张策略。一方面，赵宝成总经理基于在当地长期生活的经历，利用乡里乡亲关系扩大信任，争取到更多的资源支持。声誉效益随之产生，双方信任也呈现进一步增强的态势。另一方面，通过与少数农户合作所取得的成功经验形成示范效应，在相邻村庄之间通过乡亲的口耳相传，在舆论上为公司经营模式和合作模式赢得支持和认同，吸引更多农户加入合作网络中来，双方声誉机制的建立有效缓解了农产品市场上机会主义行为的发生。恒绿科技运用社会资本的作用而不是官僚体制、权力、法律手段去规避农户失信行为发生，运用社会资本嵌入改变了与农户合作的得益结构，从而保持了契约的稳定性。

如今，农户与恒绿科技共同拥有互补性资产，恒绿科技拥有资金、技术、经营管理经验，农户拥有土地和人力资本，在双方合作中，相当于互换了抵押品。互换抵押品和声誉机制提升了交易双方的合作意愿，也改变了双方市场力量对比，使恒绿科技与农户之间由此形成了双边依赖机制，恒绿科技与农户之间的信任程度再次提高，双方之间更愿意进行信息分享。因为农户相信恒绿科技是值得信任的，农户愿意将生产过程中的私人信息，如生产成本、生产操作规程等信息分享给公司，公司也可以根据农户提供的信息及时对企业购销政策进行调整。

可见，公司与农户之间高度信任，催生出交易主体之间的信息共享，而信息共享降低了恒绿科技与农户之间的交易成本，解决了信息不对称问题，这种关系的建立并不需要通过强制性的契约关系来解决。农户对企业越信任，农户就越愿意与企业分享生产的相关信息，信息越充分、越完备，对交易双方来说，机会主义出现的可能性越小。

3. 通过非正式制度的规范作用来避免农户的违约行为

恒绿科技广泛使用非正式制度安排来规范农户的行为，在恒绿科技出资领办了合作社以后，公司的经营模式变为"公司+合作社+农户"模式，在该种模式中，合作社收益与全体社员共享，恒绿科技为合作社社员提供广泛的服务功能，如为合作社社员提供技术咨询服务，要求农户坚决不使用违禁农药；通过制定统一的有机蔬菜生产技术标准，推行标准化生产规程，建立蔬菜产品质量安全追溯制度，确保生产无公害绿色产品；规定无公害蔬果生产农资统一采购、统一供应的流程，对收获农产品做到订单收购，由此给农户带来了收入的增长，同时这种示范效应又带动了更多的农户加入恒绿科技领办的合作社。

合作社成立以来，恒绿科技又与知名学校合作成立校企合作项目。如与西安交通大学思源学院合作开设电子商务班，邀请专家学者为社员集中授课；与西北农林科技大学合作建立实践基地等。对一些农户解决不了的疑点、难点问题，公司通过校企合作的方式，请陕西省著名的专家进行解答。上述这些举措不仅有助于合作社社员种植技能和水平的提高，还有助于农户种植蔬菜产出数量和质量的提高，并且培养了农户的市场经济意识，提升了农户的整体素质，有助于促进传统农户向现代职业农民身份的转变。

通过上述行为形成了恒绿科技与农户之间的非正式制度规范，形成了公司与农户之间紧密的合作关系，进一步强化了公司与农户之间的联系。

4. 通过强化人际关系网络的作用来强化契约的稳定性

恒绿科技与农户所结成的紧密人际关系网络给恒绿公司的发展带来了诸多的好处，其中一种好处表现在恒绿科技从来不用担心资金结算时面临流动资金紧张的问题。

在传统的农产品交易中，农户不会采取信用交易的方式，通常是依据一手钱一手货、钱货两清的原则进行货款的结算，但是与恒绿科技合作的农户却采取了信用交易的方式进行货款的结算。恒绿科技与农户结算的账期是半个月，也有农户采取月结的方式，当然如果农户有急需用钱的情况发生时，农户可以随时要求跟恒绿公司结算货款，这就使公司不会发生严重的流动资金紧张的问题，同时这也充分说明了农户对恒绿科技的信任，而这种信任关系的建立是基于公司与农户之间所形成的人际关系网络，在以公司为中心建立起来的网络关系中，涵盖了与公司合作的大量农户，部分农户与恒绿科技长期合作带来的信任感通过网络进行了更大范围的传递和扩散，充分发挥了社会资本的作用。

对恒绿科技来说，社会资本所包含的人际关系网络是一个逐渐积累的过程，可以体现为两个层面：一是企业与农户之间构建的关系网；二是企业与政府、社会等非业内人员构建的关系网。公司总经理赵宝成原来工作的地方在灞桥，在当地有很广的人脉关系，在企业做大以后，赵总也热心公益事业，积极参与各类社会活动，是灞桥区人大代表。这种广泛的社会关系网络对于公司发展具有良性互动作用，农户在与公司重复不断地交往中对公司产生了信任，同时公司广泛的社会网络关系又有助于强化农户对公司的信任感，人际关系网络的构成成为信任载体。同时，公司与农户双方建立了信任后，缓解了彼此交往过程中的矛盾，促进了企业与农户人际关系网络的建立和正常运行，成为人际网络关系的润滑剂。另外，企业因在社会团体中表现出来的良好社会形象，与农户之间稳定和重复交易的合作态度而形成的良好信用记录都成为其他农户选择与公司进行长期合作的依据，也促进了公司与合作农户之间的持续合作，由此带来了公司与农户之间契约的长期稳定。虽然这类契约并不一定体现为传统的书面合约，而常常表现为口头约定的形式，但是这类契约若能长期履约，则更说明了公司与农户之间关系的稳定性。

由此看来，在一个存在大量社会资本的合作共同体中，恒绿科技与农户在形成人际网络关系的过程中进一步促进了社会信任的形成。恒绿科技与农户的人际关系网络通过集体行动的协调，扩大企业声誉和促进企业与农户的交流沟通，在此基础上，更容易缓解契约履约难的困境。因此，人际网络关系主要是通过信息和声誉这两方面来实现和维护契约稳定性。当公司与农户形成了社会资本以后，长期困扰恒绿科技的农户违约问题部分得到改善，产品品质也得到了提升，恒绿科技呈现良性发展的态势。

综上所述，恒绿科技与农户之间的合作表现为两种模式，即契约治理和关系治理。在公司创业发展的初期，公司和农户之间只是单纯地使用了契约治理，交易双方并没有形成社会资本，而是靠正式制度来维持契约，契约对农户的约束力较弱，并不能保证契约的执行和契约的稳定性。此后公司开始探索使用关系治理模式，交易双方形成了以信任为主的社会资本，并逐渐建立了声誉机制，依靠非正式治理规范和人际关系网络成功地构建了完备的社会资本，使恒绿科技在与农户的交易过程中，不仅抑制了农户机会主义倾向对市场交易行为的破坏，也降低了市场环境中的不确定性对交易的影响。同时，合作组织的建立也促进了农户和公司社会资本的平衡，保证了双方契约结构的稳定性。目前与恒绿科技合作的农户数量超过了3000户。

本章在相关文献阅读的基础上，构建了农户和龙头企业履约的博弈模型，首先对未引入社会资本时农户与龙头企业契约的稳定性进行研究，在此基础上一步步引入社会资本中四个重要因素——信任、信誉、社会规范以及人际关系网络，并通过博弈模型比较分析了社会资本对契约稳定性的影响。

结果表明，机会主义行为是导致交易双方契约不稳定的诱导因素，加入违约金机制后稳定性有部分提升，但依然无法改变交易的违约行为。信任、信誉的加入增加了交易的确定性，通过互信和声誉机制，交易双方对不确定性的环境能作出更有弹性的反应，且有效抑制了机会主义行为，降低了交易成本，提升了契约的稳定性。模型在引入信任、信誉两因素的基础上，进一步引入社会规范与人际关系网络变量，强化约束机制，弥补了我国正式制度不完善的不足，使龙头企业与农户追求长期利益，通过人际网络关系有利于解决在合作博弈过程遇到的问题，促进彼此间的合作与协调，对农产品交易契约的治理作用再次增强，大大提升了契约的稳定性。

通过陕西恒绿科技有限公司运用社会资本加强与农户合作的案例分析，发现龙头企业与农户建立社会资本后，对于农户和龙头企业而言会产生双赢的结果。

第七章 基于价值链的农产品流通渠道的优化

本书前几章分别从农户和龙头企业的视角,讨论了社会资本和交易成本对农户流通渠道选择的影响,分析了社会资本对龙头企业与农户契约稳定性的影响,本章将从整个农产品价值链的视角,分析如何通过价值链的构建,实现农户与下游中间商之间流通渠道的有效构建,从而实现农产品流通渠道的优化目标。

第一节 农产品流通渠道优化的目标

一、效率目标

对于任何产品,只要该产品进入市场进行流通,需要通过流通渠道的作用,实现产品由生产环节进入流通环节,就需要考虑流通的效率问题。而作为农产品,特别是生鲜农产品,面对易腐性,需要特别考虑的问题就是流通渠道的效率问题,如何能使成熟收获的农产品快速进入下一个流通环节,尽快进入消费,是农产品流通渠道优化的目标之一。

二、公平目标

既然存在流通渠道和渠道主体,存在渠道不同环节流通主体的权力和基于权力的博弈,就决定了在渠道权力的博弈中具有渠道优势的一方可能会利用自己的优势地位,大量攫取渠道的利润,导致渠道关系的破裂,所以,农产品流通渠道的优化需要考虑公平目标,即不同环节的渠道主体需要对渠道利润进行合理的分配,兼顾不同市场主体的利益,从而通过做大蛋糕来实现各方的共赢。

三、合作目标

农产品流通渠道形成的最终目的是实现产品从生产环节向最终消费环节的移动,并通过产品进入终端消费实现流通的职能。所以,作为流通渠道中各市场主体,尽管存在着竞争关系,但为了保证产品流通的顺畅,市场主体需要保持一定的合作关系才能完成流通的职能，实现产品的价值。所以，为了顺利实现农产品流通的功能，流通中的各主体需要大力开展合作，通过合作降低交易成本，实现流通的效率优化。

四、安全目标

农产品供应作为我国的菜篮子工程，一直是各级政府关注的一个重要领域，而食品安全则是关系到一国民生治理的重要衡量指标。所以，在兼顾效率和公平的流通渠道构建过程中，食品安全也是需要考虑的重要环节，而食品安全事件的发生，可能会存在于流通过程中的任一环节，如农产品的生产过程中违规添加或喷洒，流通加工过程中的违规操作以及流通环节存在的问题，无论是哪一环节的问题，都会对终端消费者的生命健康带来影响，所以，在农产品流通渠道的优化中，需要实现安全目标。

第二节　农产品流通渠道优化方式

一、供应链与价值链的对比

供应链的概念最初是在20世纪80年代提出的，指针对整个产品链系统进行计划、协调、操作、优化的各种活动和过程。供应链的目标强调的是最终将消费者所需的产品，能够按照消费者需求，准时、准确、充足、完整地供应给消费者，并使总成本达到最佳。

价值链的概念最初由迈克尔·波特提出，其在《竞争优势》一书中指出，企业发展竞争优势，通过企业经营的流程，为其经营的商品及提供的服务创造更多的价值，成为一系列的增值过程，即"价值链"。这个概念起初仅限于企业内部价值增值的过程，针对企业内部进行研究，之后概念扩大，应用于企业之间经济活动的研究，指在生产、流通、加工、销售过程中，不断增加更多价值的过程，创造更多的利润。

从字面上理解，供应链注重的是每一阶段中的协调与供应，以最终满足消费者的需求，这期间强调成本的节约与生产率的协调；价值链注重的是价值的增值，关注的是如何更好地符合消费者的需求，以创造特殊的竞争优势从而获得更多的剩余价值，价值链更强调合作和信息共享。

首先，价值链是一种综合的战略管理方法，价值链管理的主要目的是实现生产经营过程中的价值增值，因此更强调价值链链条上经济主体之间的联系，不仅包含供应商之间的联系，还包括生产规划、人力规划、信息技术甚至企业文化等各个方面。价值链注重整个链条的行为,目的是达到价值增值,更符合消费者的需求,创造竞争优势,促进链条的信息交流、知识共享,最终实现价值链管理的效果。

其次,价值链管理的核心是对价值创造的研究,因此价值链的管理更注重服务于消费者的目标,因此在生产过程中注重每个环节个体之间的联系,尽可能增大成员之间的默契,更好地完成渠道目标、更好地服务消费者。

总体而言,价值链与供应链相比,更注重市场主体之间的协调,为更好地满足消费者,链条各个环节的成员之间更注重联系与交流,通过顺畅的信息沟通,共同协同作业,在价值链各环节中形成价值的增长,互惠互利,以实现竞争优势,从而形成最终价值的增值。

二、基于供应链管理的传统流通方式的弊端

传统的农产品流通方式,无论采取何种渠道,都是基于供应链的视角进行商品组织、实现商流和物流环节,而这种模式的流通方式具有的弊端是显而易见的。在农产品的流通中,通过供应链的管理,将各流通主体有机联系在一起。农产品的供应链以农产品种植的原料供应商为起点,即种子、农药、化肥的供应商向农产品种植户进行生产环节的原料供应,农产品种植户进行生产、收获后,农产品通过农产品加工商、农产品流通商等各个阶段,最后进入消费环节等过程完成农产品生产、流通的供应链过程(见图7-1)。该过程以原料的供应为起点,以消费者的消费为终点,但这个供应链构建是以线性的连接为基础的。链条的上一环节与其后环节的联系紧密,但是链条中无法形成跨环节的合作和信息共享,导致农产品产业的生产、加工和流通的信息沿着供应链层层传递的过程中,常常会出现时间的延误和信息的失真,从而导致供应链效率的损失和供应链主体关系的解体。特别是对于具有易腐特点的生鲜农产品来说,如果从田间到餐桌经过的供应链环节过多,所耗费的时间过长,将直接导致农产品交易成本的增加,从而影响农产品供应链效率的提高和功能的发挥。

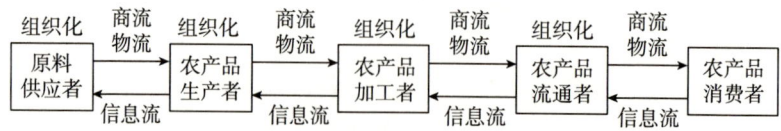

图7-1 基于供应链管理的农产品流通渠道的构建

此外,由于农产品生产和农产品终端流通环节的信息脱节,以及农产品生产者之间信息的阻隔,农产品生产常常出现价格上涨—生产过剩—价格下跌—生产减少—价格上涨的循环,价格呈现蛛网状态,而最终承担损失的是整个供应链上的市场

参与者。

三、基于价值链管理的农产品流通渠道的特征

1. 价值链管理下的农产品流通渠道

基于价值链的农产品流通体系指的是参与流通的各流通主体，包括农产品生产所需农资的供货商、农产品种植农户、农产品流通中间商以及消费者在针对农产品流通的价值创造过程中，基于农产品在生产、流通和消费过程中的商流、物流、资金流的信息共享，生产和流通成本的公平承担以及在产品销售过程中实现的价值协调、价值增值和价值分配等，通过有效的市场组织形式的构建，并通过相互合作以达到降低价值链上各交易主体的交易成本从而实现整个价值链的收益最大化的目的。在农产品流通体系的建设中，价值链链条上各主体基于各自的职责，各自承担流通体系建设中被赋予的任务，而价值链各主体连接成为一个整体来完成流通渠道建设的任务（见图7-2）。

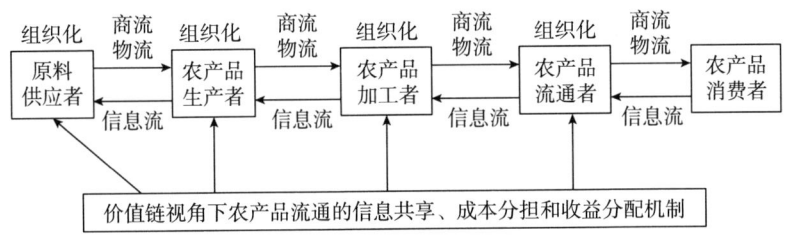

图7-2 基于价值链管理的农产品流通渠道的构建

2. 农产品流通渠道的供应链管理与价值链管理的区别

从图7-1和图7-2可以看出供应链管理和价值链管理条件下农产品流通渠道构建的区别：

（1）市场主体的连接方式不同。在供应链管理条件下，虽然农产品流通渠道上的市场主体需要及时进行信息的传递和共同的协作，但是这种合作是线性的，只有直接相连的上下游环节存在着信息传递的过程，跨环节的信息共享是无法实现的。在价值链的条件下，市场信息的流动呈现网状和跨环节的特征，渠道中的各市场主体在整个价值链网络内能充分实现信息的共享，这种信息的共享有助于农户在生产阶段根据流通环节的市场变化来及时调整生产的品种和数量，流通环节的批发商和零售商能充分根据农户的生产数量来决定市场采购的数量和产品流通的方向，市场连接方式有利于流通渠道主体充分利用其他市场主体的信息来决定各自的生产和流通的决策，提高生产流通的效率，降低流通中的交易成本。

（2）协作和合作的程度不同。在供应链条件下，农产品流通渠道中市场主体的

协作仅限于促进信息的流动以及促进商流和物流的实现，但是在价值链的条件下，从表面上看农产品流通渠道中市场主体也是协助完成传统意义上的流通职能，但是在实现流通职能的过程中，市场主体的合作范围和程度发生了很大的变化，除了能实现跨环节的信息共享以外，还能通过成本分担和收益的合理分配机制来实现价值链收益的最大化。通过信息在市场主体各环节的共享，减少生产和销售的盲目性，降低交易成本，提高这个流通环节的收益，且收益能在各市场主体之间进行合理的分配，从而激发各市场主体在价值链各环节参与的积极性，提高价值链各环节的契约稳定性。

（3）合作的目的不同。在供应链条件下，农产品流通渠道中市场主体合作的目的是实现各自环节的职能，如农户只希望将种植收获的产品卖出去，而流通中间商是希望尽快将收购过来的农产品销售出去，为了能将产品最终推向终端环节，各市场主体实现了最低程度的合作，所以在供应链下市场主体合作的目的是完成其自身的流通职能。但是在价值链条件下，农产品流通中各市场主体除了希望实现各自环节的职能以外，还希望能实现价值链整个链条的价值最大化，所以，各市场主体除了关注自身的利益以外，还会关注链条中其他主体的利益，会在协调各自成本和收益的情况下实现合作，所以，在价值链条件下，市场主体合作的目的是实现市场主体利益共同体的转变，通过合作和协作完成流通全部职能，实现整个流通过程的利益最大化，各市场主体不再仅仅关注各自职能的实现，还关注其他市场主体职能的实现和收益的实现。

3. 农产品流通价值链管理实现的前提条件——社会资本的形成和发展

实现价值链管理的前提条件就是建立农户、流通中间商等市场参与主体之间的社会资本，通过社会资本的作用，形成市场主体之间基于信任、关系、网络和共同认知的广泛联系，在此基础上，才能形成信息共享、成本分担和收益合理分配的机制。

在市场主体之间形成社会资本以后，各市场主体就不再是依靠单一力量在市场上进行交易，而是形成了一个价值链整体进入市场进行交易活动，虽然从表面看彼此是相互独立的行为人，但是在独立行为过程中形成了信任关系，通过关系网络的建立，彼此之间具有共同的价值观和共同的愿景，为了实现共同的目标，市场主体之间能充分地进行信息共享，且在成本和收益分配等问题上能相互协调，在市场活动中能彼此依赖，以价值链收益最大化为出发点进入市场。只有基于整个农产品流通链条上各个市场主体之间所建立的社会资本，才能真正实现信息共享、成本分担以及收益合理分配的价值链管理模式。

所以，农产品流通价值链管理实现的前提条件就是社会资本的形成和发展。

第七章 基于价值链的农产品流通渠道的优化

第三节 农产品流通渠道优化中价值链管理的关键问题

一、农产品流通渠道的收益在参与主体间的合理分配

1. 基于价值链的利润分配原则

目前农产品流通渠道的建设大多在供应链的视角下展开，农产品通过市场主体向下游环节传递。而我国国情中农户大多生产规模较小，种植的农产品收获后由批发商集中收购后再批发销售或者稍作加工后销售，流通中间商占据主要的市场话语权，形成了"两头叫、中间笑"的局面，农户处于劣势状态，无法获得有保障的市场收益，而农产品的终端消费者则承受着较高的市场销售价格。所以在农产品流通渠道的建设中存在着收益分配不均、成本无法共担的弊端。然而，合理的收益分配才有利于农业产业的发展、社会的公平和福利的创造，分配不均会影响价值链的形成和持久性，进而影响价值链的长期发展。

因此，价值链视角下流通环节各行为主体在信息透明、市场主体充分合作的状态下，如何进行公平的利润分配是市场主体需要考虑的问题。需要建立合理的利润分配机制来对流通环节的增值利润进行分配，只有如此才能保证市场参与主体的利润水平，激励市场各方参与价值链构建的积极性。

下文将利用 Rubinstein 讨价还价模型，建立流通中间商与农户针对流通利润的分配进行博弈的情况，利用熵工具说明如何使双方利益分配趋于均衡，以促进农产品流通市场的良好发展。而该模型的建立是以信息透明、市场主体希望能实现充分合作共赢的价值链视角为前提。

2. 基于价值链的流通中间商—农户讨价还价模型分析

流通渠道中具有权力优势的一方往往会通过发挥权力的作用而获得更多的利益。在流通利润一定的情况下，具有渠道权力的一方往往会侵害其他渠道主体的利益。

在价值链的流通渠道构建中，Rubinstein 讨价还价模型是一个完全信息下的动态博弈模型，参与者自己通过讨价还价促进协议完成，在此过程中，参与者之间既存在利益合作也存在利益冲突。通过讨价还价过程，最后形成双方都接受的利润分配方案。

由于该模型建立在一个完全信息的假设下，符合价值链的条件，因此许多学者将该模型作为研究价值链中利益分配的重要方式。胡乔宁等（2009）利用 Rubinstein 模型对价值链中的价值分配进行研究，并给出了各个环节的行为主体最终接受的实施方案。杜义飞等（2006）将链条中各个环节视作同一企业下的不同分公司，以满足"信息完全透明、协同合作达到利润最大化"这一对利润进行分配的条件，通过

Rubinstein 模型研究利润分配的方案。王晶等（2013）将农产品流通中的成本分摊，通过 Rubinstein 模型进行合理分配。

因此，本书利用 Rubinstein 模型在价值链中各个行为主体信息透明、成本函数已知的情况下，对最终利润的分配进行研究，给出价值公平分配的方案，为现实中流通利润分配的实践提出建议。

假设市场中存在农户和中间商，以销售为主导，对流通环节的增值利润进行讨价还价。针对模型做出如下的假设。

假设1：农户、中间商作为经济人主体，完全理性。且农户与中间商的价格信息及成本信息是透明的，即农户可以得知最终的销售价格，中间商可得知所有的成本信息。

假设2：采用 Rubinstein 讨价还价模型分配利润，农户和中间商分别获得总利润的比例为 ϕ_1、ϕ_2，$\phi_1+\phi_2=1$，即两者分配所有的利润。这里我们研究的利润为减去市场主体的成本以后增值的利润。

假设3：农户和中间商的库存量均为零，同时农户不参与销售，即中间商对农户生产的所有农产品予以购买。

假设4：中间商、农户的贴现率分别为 δ_m、δ_f，贴现率为两者讨价还价的能力，贴现率越大，则讨价还价的能力越强。$0 \leq \delta_m$，$\delta_f \leq 1$。

基于假设，分析农户和中间商之间的讨价还价模型，也就是经典的 Rubinstein 讨价还价模型。两者针对流通环节的利润增值进行分配，设增值的利润为 θ_e，两者对此进行谈判。

第一阶段，中间商对利润分配给出了方案 (ϕ_1^1, ϕ_2^1)，这种情况下，农户如果接受，则停止博弈；否则农户继续给出方案。第二阶段，农户给出方案为 (ϕ_1^2, ϕ_2^2)，如果中间商同意，则停止博弈，否则转为中间商再次给出分配方案。第三阶段，中间商给出方案 (ϕ_1^3, ϕ_2^3)，农户若不同意，则农户继续提供方案，如此重复下去，第一阶段与第三阶段是同一子博弈（见图7-3）。

按照逆向归纳，首先研究第三阶段，中间商给出的方案为 (ϕ_1^3, ϕ_2^3)，其次考虑第二阶段，农户给出的方案为 (ϕ_1^2, ϕ_2^2)，要使中间商满意，需满足 $\phi_2^2 \geq \phi_2^3 \cdot \delta_m$，当 $\phi_2^2 = \phi_2^3 \cdot \delta_m$ 时，农户可分得的利润份额为 $\phi_1^2 = 1 - \phi_2^3 \cdot \delta_m$，由于 $0 \leq \delta_m \leq 1$，此时的最优分配方案为 $(1 - \phi_2^3 \cdot \delta_m, \phi_2^3 \cdot \delta_m)$。最后考虑第一阶段，中间商给出的方案为 (ϕ_1^1, ϕ_2^1)，若想要农户同意，则需满足 $\phi_1^1 \geq (1 - \phi_2^3 \cdot \delta_m) \cdot \delta_f$，当 $\phi_1^1 = (1 - \phi_2^3 \cdot \delta_m) \cdot \delta_f$ 时，中间商可分得的利润份额为 $\phi_2' = 1 - \delta_f + \phi_2^3 \delta_m \cdot \delta_f$，此时最优的分配方案为 $(\delta_f + \phi_2^3 \delta_m \cdot \delta_f, 1 - \delta_f + \phi_2^3 \delta_m \cdot \delta_f)$，均衡时存在 $\phi_1^1 = \phi_1^3$，$\phi_2^1 = \phi_2^3$，将其代入方程组，得出均衡结果为：

$$(\phi_1^*, \phi_2^*) = \left(\frac{\delta_m - \delta_f \delta_m}{1 - \delta_f \delta_m}, \frac{1 - \delta_f}{1 - \delta_f \delta_m} \right)$$

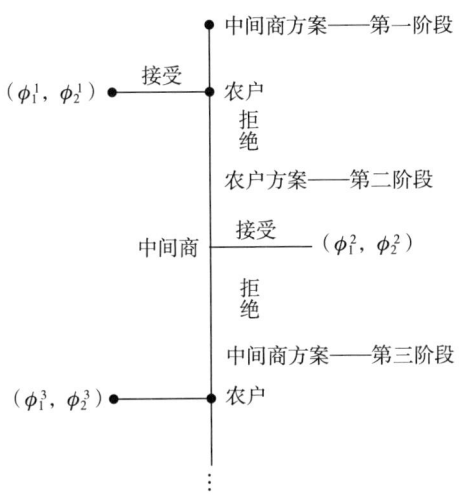

图 7-3 Rubinstein 讨价还价过程分析

3. 基于价值链的利润分配比例

根据讨价还价经典模型的推导，可以得出农户、中间商对消费者额外的支付价格分配如下：

农户分配利润为：

$$\Pi_f = \frac{\delta_m - \delta_f \delta_m}{1 - \delta_f \delta_m} \cdot \theta_e$$

中间商分配利润为：

$$\Pi_m = \frac{1 - \delta_f}{1 - \delta_f \delta_m} \cdot \theta_e$$

从中可以看到，中间商的讨价还价能力较强，会降低农户的利润分配，从而影响了两者分配的公平性，我们利用公平熵值来测度分配的公平性，由 Chen（2003）可知公平熵的计算公式为：

$$H = -k(r_1 \ln r_1 + r_2 \ln r_2) \tag{7-1}$$

其中，k 为常量，r_1、r_2 分别是某次交易中，两个市场参与者的交易分配比例，即上文中的 ϕ_1、ϕ_2。熵值 H 越大，则说明分配越公平，价值链的效率也会高。当 $H=1$ 时，熵值取得最大值，此刻利润分配处于最公平的状态。

针对农户与中间商，农户的经营能力较弱，贴现能力较低，因此讨价还价能力较低，相比之下，中间商具有一定的讨价还价优势，因此在利润分配中，可以取得较多的利润。表 7-1 是对农户与中间商讨价还价能力所做的一个假设，当农户与中间商的讨价还价能力值，即贴现值为 δ_m、δ_f 取不同的数值时分配比例的变化及公平熵值的变化。当贴现值 δ_m、δ_f 分别为 0.5、0.9 时,则分配的比例为 (0.091, 0.909),代入式 (7-1) 可得出,公平熵 $H=0.304k$。这表示,当农户与中间商的讨价还价能力分别为 0.5 与 0.9 时,最终的利润分配中,农户占比为 0.091,中间商占比为 0.909,以此类推。当农户与中间商之间的分配比例发生变化以后,即农户的分配水平提高以后,公平熵值的水平也在提高,利润分配开始趋向于公平状态。由此可以看出,随着农户相应的讨价还价能力的上升,公平熵值也有所提升,农户在利润分配中的地位也有所改善,这样对于促进农户参与价值链管理的积极性提高可以产生激励作用。

表 7-1　农户与中间商分配比例与公平熵值

(δ_m, δ_f)	农户与中间商分配比例	公平熵
(0.5, 0.9)	(0.091, 0.090)	0.304k
(0.5, 0.8)	(0.167, 0.833)	0.405k
(0.5, 0.7)	(0.231, 0.769)	0.540k
(0.5, 0.6)	(0.286, 0.714)	0.598k
(0.5, 0.5)	(0.333, 0.667)	0.636k

根据表 7-1 测算的结果可以得出,当农户与中间商的讨价还价能力的差距缩小时,农户的利润分配比例可以有效地提高,分配的公平性也明显提高了,促进了社会总体效益的提升。

而这种情况的实现,需要建立在一个信息完全透明的价值链环境下,在该环境下,农户与中间商对彼此的信息完全掌握,因而可以进行有效的讨价还价。而讨价还价的能力取决于市场主体的贴现能力,在现实中,贴现能力取决于经营主体的经营规模、资产状况与相关政策的支持。

二、农产品流通渠道的信息在市场主体间的共享

1. 商流、物流信息的共享

在市场中,流通中间商更靠近消费环节,对市场信息掌握较多,而农户大多数对消费市场的状况不了解或者对市场反应速度较慢,会产生一定的滞后,这将影响生产的效率。而价值链条件下各个环节主体通过商流的信息沟通,可以及时让农户掌握市场的需求状况变化,并及时调整生产的品种和数量,做出更符合市场的生产决策,满足消费者的需求。物流的信息沟通可以有效提供农产品所处的物流状态的信息,便于价值链不同环节的主体及时把握生产的物流状态,通过加快运输、及时补货、及时采摘等行为缩短农产品的在途时间,以便向消费者提供更优质新鲜的农

产品。

2. 农产品生产信息的共享

当整个农业生产的产业链能实现价值链管理时，农户的生产信息可以充分实现共享，则农户种植准备、种植过程和收获过程的信息能被其他市场主体充分知晓，这样的好处表现在：

（1）因为实现了价值链管理，所以农资销售商也是价值链中的一个环节，在构建价值链的市场主体时，就已经对农资供销商的资质和信誉进行过充分考量，所以能保证农户所购买的农资产品是安全的、符合国家相关标准的产品，而利用这些农资种植出来的农产品在食品安全方面就具有了一定的保障。

（2）农户生产种植的信息能被价值链上其他主体知晓，那么其他市场主体就可以依据农户的生产信息及时组织采购和销售活动，当农户生产量大时，流通主体可以及时扩大其市场销售的范围，或者及时联系其他非价值链上的流通市场主体，通过扩大市场范围保证农户的产品能及时尽早销售①；若价值链上农户的产量由于自然灾害或其他因素减产，使流通中间商的收购任务受到影响，那么流通中间商可以及时联系其他市场的农户进行采购，保证价值链上的产品流不至于中断。所以，农产品生产信息的共享有助于价值链的稳定和效率提高。

3. 知识与技术的共享

伴随着科学技术的进步，在农产品种植领域也出现了很多新的种植品种和种植技术，虽然农户自己从事农业种植，对于种植技术具有直接的体会和感受，但是由于知识、水平和能力的限制，农户自身的信息来源是有限的，无法获知其他农户的生产种植经验，也无法全面获知其他农户所采用的技术，特别是对于默示性知识来说，农户之间的相互切磋学习才有利于技术的传播。所以对流通中间商而言，其连接了众多的农户，通过与众多农户的接触，可以全面了解农户的生产状况，通过流通中间商的作用，生产种植信息和技术信息就可以在不同农户之间传播。因而对于农户来说，流通中间商就如同一个信息平台，不同农户通过该平台可以实现知识的共享，农户之间通过相互学习，交流种植经验，提高生产水平，实现价值增值，因此价值链的上下游会促进知识与技术的共享，从而更好地形成竞争优势，满足消费者需求。

综合而言，我国目前农产品产业链是以供应链为主建立的，整个链条以线性连接为基础，链条上每个环节与上游、下游都有着密切关联。但是上下游之间的关系主要是以供应关系为主，缺乏信息共享与跨环节的合作，导致流通效率较低，无法

---

① 调研过程中，就有龙头企业反映在自己的收购有保证的前提下，其会向其他流通中间商（包括省内和省外的客商）介绍推荐农户的产品，以保证农户的产品能及时销售出去。

形成共赢的局面，而在价值链管理下，各市场主体之间不再局限于供和销的关系，在价值链中所有主体都可以实现信息的共享，同时可以针对流通中的成本进行分担、对流通利润进行收益的分享，有效缓解信息不对称带来的交易成本问题，有助于市场主体实现最大限度的合作，实现价值链的效益最大化。

第四节　价值链管理模式下农产品流通渠道的构建

一、价值链下农产品流通渠道构建的三种方式

在价值链视角下，农产品流通渠道可以基于三种方式进行建设，即以农业合作社为链主建立农产品流通渠道、以超市为链主建立农产品流通渠道、以龙头企业为链主建立农产品流通渠道。链主的角色就意味着整个流通渠道的建设、管理以及渠道关系的维护，甚至渠道冲突都需要链主进行统一的管理和协调，从而才能保障在整个流通渠道经营过程中充分实现价值链管理的优势，实现各个环节的信息共享，降低流通交易成本，进而使各方的利益诉求能够得到有效协调。

1. 以农业合作社为链主建立农产品流通渠道

以农业合作社为链主建立农产品流通渠道，即以农业生产端为主体，充分发挥生产环节中农业合作社对农户的组织、协调和管理职能，以农业合作社为核心，其他流通市场主体通过合作社作用的发挥来组建并协同流通过程。这种模式适用于合作社规模较大，组织机构职能完善，且合作社的理事长具有很强的社会资本和管理能力，擅长经营管理，能有效协调农户、下游用户的利益和需求。

2. 以超市为链主建立农产品流通渠道

这类流通渠道构建则以流通中的零售端为主体，通过超市的主导作用，充分协调农户与市场的利益，超市可以通过与农户直接签约的方式或通过与合作社签约的方式进行农产品的收购，并通过超市的渠道进行农产品的销售，这类模式渠道环节少，对于农户和超市来说，都能获得较高的收益。以超市为链主的模式，对超市的要求较高，适用于规模较大、门店多且广、经营管理水平高的超市，如大型超市华润万家、人人乐、沃尔玛等。

3. 以龙头企业为链主建立农产品流通渠道

这类流通渠道是适用性最广的一种渠道模式。以龙头企业为核心建立农产品流通渠道，有效连接上游的农户和下游的其他渠道主体，既可以避免第一种模式中合作社组织管理经验不足的弊端，又可以避免第二种模式超市的流通能力不足的弊端，充分发挥龙头企业在市场中信息收集、生产计划、分销组织的优势，通过龙头企业

的运作,将上游的生产环节、下游的流通环节有机融合到一起,并利用龙头企业的市场能力,将大量农户的产品通过综合、分类、集中和分散的运作,送达到流通的下一个环节,充分实现流通的职能,保障流通过程的畅通。所以,以龙头企业为链主建立流通渠道,有利于龙头企业对整个价值链的协调和管控,充分发挥价值链管理的优势。

二、价值链下农产品流通渠道构建的优势

基于三种方式建立农产品流通渠道,存在以下优势:

1. 带动基层农户、企业,增加规模性

以农业专业合作组织、龙头企业、超市为链主建立的农产品价值链管理的三种模式,是基于农业合作组织+农户、龙头企业+合作社+农户或龙头企业+农户、超市+农户三种合作模式而提出的。农业合作组织+农户的模式下,农业合作组织可以有效带动当地的大小农户加入,在专业组织的指导与要求下,以相同的标准进行生产活动,受农业合作组织监督检测,农业合作组织集中采购各个农户生产的农产品,统一管理与销售。在农业合作组织的指导下,农户生产环境差异较小,在相同的生产标准要求下,生产的农产品品质差异性较小,在农业合作组织的管理下,可以满足市场的大量需求,提高市场份额。龙头企业+合作社+农户模式下,龙头企业与合作社签订合约,承包其生产的农产品,合作社规范所有农户的生产,达到龙头企业所要求的标准,或者龙头企业直接与农户进行签约采购。超市+农户模式是农户直接与超市进行对接,农户提供符合普遍认定标准的安全农产品,直接进入超市进行售卖。三种模式应用下,大多数基层农户不用再寻找流通中间商,而是已经提前锁定了农产品的销路,农户只需进行生产活动满足市场主体的质量标准和要求即可,产品的销路具有保证,可以有效带动基层农户的生产积极性,提高生产的效率。

2. 以链主为中心,更好地发挥流通的职能

在以农业专业合作组织为链主、以超市为链主、以龙头企业为链主建立农产品流通渠道的三种模式下,当面临利益主体的成本分担、利润分配的问题时,可以以链主为中心,实现上下游的信息共享,协调各方的责权利,形成相应的农产品流通的治理机制,从而有效地提高农产品流通效率,提升农产品流通渠道的稳定性,促进流通职能的发挥。

3. 链主协调,促进信息交流

在以链主为中心划分各方责权利的同时,链主可以发挥中心协调作用,促进各环节成员的信息交流。可以看出,三种模式下的链主往往都是更靠近于市场的一端,这些主体往往在市场中更具有话语权,更了解市场的情况。通过链主的协调,可以

有效带动链条内各个主体进行信息的交流与沟通，以链主为主导，通过分享商流、物流信息以及相关技术与知识的信息，解决农户生产方面的难题，降低流通成本，促进流通过程中各方的协同发展。

4. 便于市场监管与政府指导

三种模式下，由于链主的带头作用与主要责任人的定位，当政府对市场进行监管时，无法深入每一个农户进行监管，这种模式下相关部门可以直接对链主进行监管，督促价值链链条中各个主体流通功能的发挥。政府政策的实施，可以从链主开始，从价值链中逐渐贯彻，以便取得较好的政策效果，提高政策执行的效率，便于政府的管理监督职能的发挥。

本章讨论了农产品流通渠道的优化方法，指出农产品流通需要从供应链管理向价值链管理转型，并指出进行农产品流通价值链管理转型的前提条件是社会资本的形成和发展，构建价值链主体间收益合理分配机制以及有效的信息共享机制，并利用 Rubinstein 讨价还价模型构建了流通中间商与农户针对流通利润进行合理分配的博弈模型，提出在构建农产品流通价值链的过程中，需要将收益适当向农户进行倾斜，才有利于激励农户加入价值链管理的积极性。建议可以采用以农业合作社为价值链链主建立农产品流通渠道、以超市为价值链链主建立农产品流通渠道、以龙头企业为价值链链主建立农产品流通渠道三种价值链构建模式。

第八章 总结和展望

第一节 总结与对策

一、全书总结

第一，本书在文献综述的基础上，分析了农户理论，研究了中国农户的特征、中国农户的生产经营状况，对中国农产品流通状况进行了历史考察，在此基础上，分析了现阶段农户参与农产品流通的主要模式。不同的渠道模式具有不同的治理机制，自由的市场化渠道更多地依靠市场协调，存在着机会主义行为和市场成本，而组织化的渠道依靠管理的协调，强调互利、相互依赖和长期关系的建立。

第二，农产品的流通是一种市场交易行为，交易的不确定性、资产专用性以及交易频率会影响交易成本的大小，交易成本则会对农户选择流通渠道产生影响，农户会选择交易成本低的渠道进行交易。农户所拥有的社会资本也会对流通渠道产生影响，社会资本包括结构维度、关系维度和认知维度，在农产品流通过程中，社会资本对于有效建立农户与下游市场主体的关系、降低交易成本具有积极作用，所以，本书建立了农户流通渠道选择影响因素的理论框架，假设社会资本的三个维度正向影响农户组织化流通渠道的选择；农产品流通中的交易成本越高，农户越倾向于利用组织化的流通渠道进行交易；社会资本对交易成本会产生影响。通过对陕西蔬菜种植农户的入户调查，利用结构方程模型，采用PLS-SEM方法对上述研究假设进行了实证检验，结果表明：社会资本的结构维度、关系维度对交易成本的资产专用性和交易频率具有显著的正向影响，社会资本的认知维度和交易成本中交易频率因素对农户选择组织化流通渠道具有显著正向影响，与研究假设相符且具有显著性；此外，不确定性对农户流通渠道选择具有显著负向影响。

第三，农户在利用组织化的流通渠道进行产品销售的过程中，存在着契约不稳定性的问题，农户常常会采取机会主义的行为，违背契约的约定，导致组织化渠道的下游渠道主体面临市场风险。建立农户与龙头企业的博弈模型，通过农户与龙头企业常规交易的收益分析，发现农户和龙头企业在不同市场状况下都存在着违约的倾向，而现实中农户的违约概率也很高。先将社会资本结构维度和关系维度中的信任和信誉变量嵌入博弈模型，发现农户和龙头企业合作的契约稳定性有所提高，再将非正式规范和人际关系网络嵌入，农户与龙头企业契约稳定性进一步增强，所以不论社会资本的结构维度还是关系维度嵌入都有助于农户契约保持稳定。通过对龙头企业陕西恒绿科技有限公司的案例分析，发现该企业在实践中能有效建立与农户之间的社会资本，通过与农户建立信任关系、利用声誉的作用、通过规范和网络关系强化与农户的合作，使企业在农产品收购上能获得稳定的货源且产品质量符合企业的要求。因此，本书论证了社会资本嵌入有助于降低交易成本、提高农户契约稳定性的结论。

第四，在上述分析的基础上，本书提出了农产品流通渠道优化的方法，即实现农产品流通从供应链管理向价值链管理的转型。通过建立流通渠道各主体相互之间的社会资本，有利于形成农产品产业链的价值链管理，通过信息共享、成本分担和收益合理分配的原则，建立农资供应商、农户、农产品加工商、流通中间商和消费者之间的价值链管理模式，从而可以激发各市场主体在价值链各环节参与的积极性，提高价值链各环节契约的稳定性和渠道效率。成功转型农产品流通价值链管理的关键，就是收益的合理分配以及信息的共享，本书利用 Rubinstein 模型，分析了流通利润在市场主体中的合理分配问题，农户的讨价还价能力提高后，能有效地提高农户的利润分配水平、提高分配的公平性，提升农户参与农产品价值链管理的积极性，从而促进社会总体效益的提升。

二、对策建议

1. 促进农业合作组织和产业化龙头企业的发展

农业要发展，农户要增收，离不开农业产业化龙头企业的作用、离不开农村中介组织——农业合作社的职能发挥，所以要促进农业合作组织和产业化龙头企业的发展，通过政策引导、企业搭台、农户唱戏来搭建一个农业产业化良好的发展环境以及保障农产品流通通畅的政策环境。

在各级政府出台一系列利农惠农政策的激励下，龙头企业和合作组织迎来了重要的发展时期，但是，在农业产业化进程中，农户仍然是非常重要的一个环节，所以需要积极鼓励农户采取产业化的流通渠道进行农产品的销售。对于农业合作组织而言，合作组织在成立时对于农户生产的品种、数量有一定的范围要求，导致小农户被排除在组织化渠道之外，所以，政府要大力鼓励合作社扩大社员的来源，形成具有一定覆盖面的社员群体，这样才能使合作组织具有对农户的代表性，从而才能起到对接农户与市场的中介作用。

产业化龙头企业同样需要发挥对农村经济发展的引领作用，通过扩大产销渠道和生产加工的产能来扩大对农户农产品的收购规模，从而让更多的农户能从与龙头企业稳定的合作中获得更大的收益。

在整个农业产业链中,农户是农产品的生产源头,所以,在产业链中农户具有重要的地位,如果农户不能保质保量提供安全农产品,整个农业产业链就失去了发展的根基,农产品流通效率以及对农户的支撑都无从谈起。所以,农户作为农产品流通的起始环节,要积极参与到农业产业化进程中去。

2. 加快农村社会资本重构和发展

农村传统的社会资本经过多年的社会变革已经发生了很大的变化,而适应市场经济发展的新的社会资本关系还没有充分形成和完善,导致农村市场经济呈现出一种低效、非组织化发展的态势,本书研究证明了农户所拥有的社会资本越多,越有利于农户采用组织化的渠道进行农产品的销售,农户与龙头企业之间形成的社会资本越多,越有利于农户契约保持稳定。所以,需要对农村社会的社会资本进行重构和发展,充分利用农村基层组织的力量,建立良好的市场秩序。此外,要对农户传统的社会资本增加新的内容,扩大农户社会交往和社会信任的半径,使原先只相信亲缘血缘关系的社会资本发展到更大范围的信任和合作。

3. 加强整个社会的社会资本建设和正式制度的规范

社会资本作为非正式制度,对社会主体的行为具有规范作用,但是这种规范是非强制性的,所以,需要加快构建规范市场行为的法律监管体系,促进非正式制度与正式制度的互补融合,从而提高整个社会和谐发展的水平。当整个社会的社会资本水平提高以后,信任水平和诚信程度能够有效提高,市场交易环境发生了很大的变化,这对农户农产品流通渠道的构建具有积极的意义。

4. 降低农产品流通环节的交易成本

政府应该加强对农产品流通市场的管理,提高农产品流通的便利性,加大对农贸市场的建设和规范管理,促进市场的发展,营造公平交易的环境,加强对商品质量的监督和检查,优化流通渠道,减少流通环节,进一步降低农产品流通环节的交易成本,确保农户增产也能增收,从而激发农户大力进行农业生产的积极性,引导农业生产进入良性发展的轨道。

5. 组织化的市场主体要大力进行社会资本投资

合作社、龙头企业和其他流通主体要维护与农户的良好合作关系,需要大力对农户进行社会资本的投资,降低农户的交易成本,如通过与农户建立信任关系、对农户进行资产专用性投资、让利给农户以及通过广泛的社会网络关系为农户的农产品销售提供信息和交易的便利等措施,取得农户的信任,获得农户的好感,从而保持与农户交易的稳定,保持农产品收购契约的稳定,进而有助于农业产业化持续快速的发展。

第二节　研究展望

一、本书研究的创新点

第一，一般大多数针对农户行为选择的研究仅仅以一种理论为基础，或者基于交易成本理论，或者基于社会资本理论来进行分析。本书的研究则结合了社会资本理论以及交易成本理论，建立了基于社会资本理论和交易成本理论的农户流通渠道选择影响因素综合分析框架，认为社会资本、交易成本均会对农户的流通行为产生影响。该理论分析框架的建立，有助于更全面地理解农户选择农产品流通渠道时的行为和意愿，对于促进农业产业化发展具有现实意义。在理论模型分析的基础上，本书进一步运用基于偏最小二乘结构方程模型（PLS）方法进行了实证验证。在农户流通渠道选择研究领域，该方法的使用带有探索性研究的性质。

第二，农户契约稳定性研究方面，在传统的农户与龙头企业博弈模型的基础上，分别引入社会资本的信任、信誉、规范和人际网络关系变量，并分析上述变量引入后对农户契约的影响，通过农户收入水平的变化说明农户契约保持稳定的影响因素。本书认为社会资本的嵌入有助于提高龙头企业与农户合作的契约稳定。本书的研究对于维护和提高龙头企业与农户契约的稳定性提供了理论依据。

第三，基于社会资本理论，本书提出促进农产品流通渠道的优化，降低流通中的交易成本，需要实现农产品流通渠道的建设从供应链管理向价值链管理的转型，实现价值链上各市场主体的信息共享、成本分担和收益的合理分配，从而实现各市场主体的有机协同，保障价值链目标的实现。本书利用Rubinstein模型，分析了流通利润在市场主体中的合理分配问题，农户讨价还价能力的提高，能够有效提高农户的利润分配水平，提高分配的公平性，有利于提升农户加入农产品流通价值链管理的积极性，从而促进农产品流通总体效益的提升。

二、本书研究的不足

首先，受制于该书综合利用交易成本理论和社会资本理论进行研究所具有的探索性研究性质，在交易成本、社会资本和农户流通渠道选择的测量上采取潜变量的方法，利用量表进行分析。尽管设计量表时遵循了量表设计的基本原则，但是由于在农户流通渠道选择研究中该类研究方法的薄弱以及该理论分析框架的探索性质，缺乏有效的可供使用的完整成熟量表工具。在设计量表时，尽管参考了大量的文献，尽量选用已有文献中使用过的成熟的量表题项，但是由于大量可供参考的文献不完全是针对农户农产品流通渠道进行的研究，且没有完整的量表可供参考，所以导致量表的适用性下降，量表设计存在不尽如人意的地方。而通过实证研究后得出的研究结论，虽然大部分与理论模型的研究假设相符，但是也有部分假设存在不显著的现象，这也在一定程度上影响了理论模型的解释力度。

其次，受限于农业产业化发展的缓慢以及调研工作的难度，本书研究的区域范围和所收集的有效样本量不够丰富，样本的异质性程度不高，导致无法进一步深入分析如大面积种植与小面积种植、加入合作社与没加入合作社、近郊和远郊等异质性因素对农户流通渠道的选择会产生何种差异性影响。

最后，在针对农户契约稳定性进行研究时，建立了博弈分析模型，研究发现农户契约的稳定得益于社会资本的嵌入，此后通过案例研究的方法对该结论进行了验证，不足之处表现在没有通过计量等实证检验的方法进行验证。

上述存在的不足之处有待在以后的研究中进行进一步深入的分析和完善。

三、研究展望

首先，本书是从农户的视角对农产品流通渠道的选择进行的研究，从农产品流通渠道构建来说，这只是农产品产业链上的一个起点（如果不考虑农资生产商、农资供应商的话），而产业链下游的合作社、龙头企业同样存在流通渠道的选择问题，而此类市场主体选择农产品流通渠道时，是否具有与农户相同的影响因素需要进一步进行延伸分析。

其次，分析农户的异质性对农产品流通渠道选择具有的影响，如大面积种植的农户与小农户、加入合作社并实际利用合作社进行销售的农户与未加入合作社的农户、近郊的农户与远离市场的农户等异质性因素对于农户流通渠道的选择所产生的异质性影响，有待于将来进一步进行研究。

最后，县域经济发展水平参差不齐，不同县域甚至不同乡镇的状况对农户的选择都会产生影响，可以考虑利用多层线性模型（HLM）同时分析县域（或乡镇）层次和农户层次交织在一起所形成的复杂影响关系，从而更全面地探讨农户流通渠道选择的影响因素，这对于有针对性地采取全面措施促进农业产业化发展具有重要的意义。

参考文献

[1] Adler P. S. Social Capital: Prospects for a New Concept [J]. Academy of Management Review, 2002, 27 (1): 17-40.

[2] Alene A. D., Manyong V. M., Omanya G., et al. Smallholder Market Participation Under Transactions Costs: Maize Supply and Fertilizer Demand in Kenya [J]. Food Policy, 2008, 33 (4): 318-328.

[3] Barrett C. B., Sarris A., Morrison J. Smallholder Market Participation: Concepts and Evidence from Eastern and Southern Africa [J]. Food Policy, 2008, 33 (4): 299-317.

[4] Barham J. G. Linking Farmers to Markets: Assessing Planned Change Intiatives to Improve the Marketing Performance of Smallholder Farmer Groups in Northern Tanzania [D]. Dissertation Abstracts International, 2008.

[5] Barzel Y. Measurement Cost and the Organization of Markets [J]. Journal of Law and Economics, 1982, 25 (1): 27-48.

[6] Bensemann J., Shadbolt N. M. Farmers' Choice of Marketing Strategy: A Study of New Zealand Lamb Producers [J]. International Food & Agribusiness Management Association, 2015, 18 (3): 211-243.

[7] Bohyeon Kang, Rupinder P. Jindal. Opportunism in Buyer-seller Relationships: Some Unexplored Antecedents [J]. Journal of Business Research, 2015 (68): 735-742.

[8] Bourdieu P. The Forms of Capital [C]//Richardson J. G. Handbook of Theory and Researchfor the Sociology of Education. NY: Greenwood Press, 1986.

[9] Bowles S., Gintis H. Social Capital and Community Governance [J]. The Economic Journal, 2002, 112 (483): 419-436.

[10] Castro I., Roldán J. L. A Mediation Model Between Dimensions of Social Capital [J]. International Business Review, 2013, 22 (6): 1034-1050.

[11] Chen Z. Dominant Retailers and the Countervailing-Power Hypothesis [J]. Rand Journal of Economics, 2003, 34 (4): 612-625.

[12] Chin W. W. The Partial Least Squares Approach for Structural Equation Modeling [M]//Marcouilides G. A. Modern Methods for Business Research. NJ: Lawrence Erlbaum

Associates, 1998.

[13] Churchill G. A. A Paradigm for Developing Better Measures of Marketing Constructs [J]. Journal of Marketing Research, 1979, 16 (1): 64-73.

[14] Coase R. H. The Nature of the Firm [J]. Economica, 1937, 4 (16): 386-405.

[15] Coleman J. S. Social Capital in the Creation of Human Capital [J]. American Journal of Sociology, 1988, 94 (1): 95-120.

[16] Commons John R. Institutional Economics [J]. The American Economic Review, 1936, 26 (1): 237-249.

[17] Cuevas A., Clarete R. Effect of Transaction Costs on Farmers' Market Participation in the Philippine Rice Sector [J]. Philippine Journal of Crop Science, 2015, 40 (1): 35-44.

[18] Demir I. The Firm Size, Farm Size, and Transaction Costs: The Case of Hazelnut Farms in Turkey [J]. Agricultural Economics, 2007, 47 (1): 81-90.

[19] Durlauf S. N., Fafchamps M. Social Capital [C]//Philippe Aghion & Steven N. Durlauf. Handbook of Economic Growth, 2005 (1): 1639-1699.

[20] Dyer J. H., Singh H. The Relational View: Cooperative Strategy and Sources of Interorganizational Competitive Advantage [J]. Academy of Management Review, 1998, 23 (4): 660-679.

[21] Espallardo Miguel, Larion Narciso, Matas Gustavo. Farmers' Satisfaction and Intention to Continue Membership in Agricultural Marketing Co-operatives: Neoclassical Versus Transaction Cost Considerations [J]. European Review of Agricultural Economics, 2013, 40 (2): 239-260.

[22] Fafchamps M., Hill R. V. Selling at the Farmgate or Traveling to Market [J]. American Journal of Agricultural Economics, 2005, 87 (3): 717-734.

[23] FAO. Rise of Supermarkets Across Africa Threatens Small Farmers [EB/OL]. [2014-12-23]. http://www.fao.org/english/newsroom/news/2003/23060-en.html.

[24] Fornell C., Larcker D. F. Structural Equation Models with Unobservable Variables and Measurement Error: Algebra and Statistics [J]. Journal of Marketing Research, 1981, 18 (3): 382-388.

[25] Fukuyama F. Social Capital, Civil Society and Development [J]. Third World Quarterly, 2001, 22 (1): 7-20.

[26] Gatignon A., Gatignon H. Erin Anderson and the Path Breaking Work of TCE in New Areas of Business Research: Transaction Costs in Action [J]. Journal of Retailing, 2010, 86 (3): 232-247.

［27］Gómez-Limón J. A. , Vera-Toscano E. , Garrido-Fernández F. E. Farmers' Contribution to Agricultural Social Capital: Evidence from Southern Spain ［J］. Rural Sociology, 2014, 79 （3）: 380-410.

［28］Granovetter M. The Strength of Weak Ties: A Network Theory Revisited ［J］. Sociological Theory, 1983, 1 （6）: 201-233.

［29］Groot W. , Brink H. M. V. D. , Praag B. V. The Compensating Income Variation of Social Capital ［J］. Social Indicators Research, 2007, 82 （2）: 189-207.

［30］Gustafson C. R. Value of Social Capital to Mid-Sized Northern Plains Farms ［C］. American Agricultural Economics Association, 2005.

［31］Handfield R. B. , Bechtel C. The Role of Trust and Relationship Structure in Improving Supply Chain Responsiveness ［J］. Industrial Marketing Management, 2002, 31 （4）: 367-382.

［32］Hanifan L. J. The Rural School Community Center ［J］. Annals of the American Academy of Political & Social Science, 1916, 67 （4）: 130-138.

［33］Heide J. B. , John G. Alliances in Industrial Purchasing: The Determinants of Joint Action in Buyer-Supplier Relationships ［J］. Journal of Marketing Research, 1990 （2）: 24-36.

［34］Henseler J. , Hubona G. , Ray P. A. Using PLS Path Modeling in New Technology Research: Updated Guidelines ［J］. Industrial Management & Data Systems, 2016, 116 （1）: 2-20.

［35］Hess S. , Lind L. W. , Liang S. Farmers' Perceived Transaction Costs in Relationto Slaughterhouses of Different Ownership Structure ［J］. Agribusiness, 2013, 29 （1）: 96-111.

［36］Hewett K. , Money R. B. , Sharma S. An Exploration ofthe Moderating Role of Buyer Corporate Culture in Industrial Buyer-Seller Relationships ［J］. Journal of the Academy of Marketing Science, 2002, 30 （3）: 229-239.

［37］Holloway G. , Ehui S. , Teklu A. Bayes Estimates of Distance-to-Market: Transactions Costs, Cooperatives and Milk-Market Development in the Ethiopian Highlands ［J］. Journalof Applied Econometrics, 2008, 23 （5）: 683-696.

［38］Ji C. , Felipe I. D. , Briz J. , et al. An Empirical Study on Governance Structure Choices in China's Pork Supply Chain ［J］. International Food & Agribusiness Management Review, 2012, 15 （2）: 121-152.

［39］John G. , Weitz B. A. Forward Integration into Distribution: An Empirical Test of Transaction Cost Analysis ［J］. Journal of Law Economics & Organization, 1988, 4 （2）:

337-355.

［40］Kabadayi S. Choosing the Right Multiple Channel System to Minimize Transaction Costs［J］. Industrial Marketing Management, 2011, 40 (5): 763-773.

［41］Kemp T. Of Transactions and Transaction Costs: Uncertainty, Policy, and the Process of Law in the Thought of Commons and Williamson［J］. Journal of Economic Issues, 2006, 40 (1): 45-58.

［42］Lapar M. L., Holloway G., Ehui S. Policy Options Promoting Market Participation of Smallholder Livestock Producers: A Case Study From the Philippines.［J］. Food Policy, 2003, 28 (3): 187-211.

［43］Leonardo W., Bijman J., Slingerland M. The Windmill Approach Combining Transaction Cost Economics and Farming Systems Theory to Analyse Farmer Participation in Value Chains［J］. Outlook on Agriculture, 2015, 44 (3): 207-214.

［44］Li H., Cheng E. W. L., Love P. E. D. Partnering Research in Construction［J］. Engineering, Construction and Architectural Management, 2000, 7 (1): 76-92.

［45］Lin N. Social Capital: A Theory of Structure and Action［M］. Cambridge: Cambridge University Press, 2000.

［46］Lipton M. The Theory of the Optimizing Peasant［J］. Journal of Development Studies, 1968, 4 (3): 327-351.

［47］Lobo A., Leckie C., Li C. The Impact of Guanxi, Xinyong and Buyer Collaboration on the Loyalty and Financial Performance of Vegetable Farmers in China［J］. Asia Pacific Journal of Marketing and Logistics, 2013, 25 (5): 745-764.

［48］Lu H., Jacquesh T., Swf O., et al. The Value of Guanxi for Small Vegetable Farmers in China.［J］. British Food Journal, 2008, 110 (4): 412-429.

［49］Lu H., Trienekens J. H., Omta S., et al. Influence of Guanxi, Trust and Farmer-specific Factors on Participation in Emerging Vegetable Markets in China［J］. NJAS-Wageningen Journal of Life Sciences, 2008, 56 (1): 21-38.

［50］Lui S. S., Wong Y. Y., Liu W. Asset Specificity Roles in Interfirm Cooperation: Reducing Opportunistic Behavior or Increasing Cooperative Behavior［J］. Journal of Business Research, 2009 (11): 1214-1219.

［51］Miao S., Heijman W., Zhu X., et al. Social Capital Influences Farmer Participation in Collective Irrigation Management in Shaanxi Province, China［J］. China Agricultural Economic Review, 2015, 7 (3): 448-466.

［52］Minten B., Randrianarison L., Swinnen J. F. M. Supermarkets, International Trade and Farmers in Developing Countries: Evidence from Madagascar［J］. SSRN Electronic

Journal, 2005.

［53］ Mols N. P. , Menard C. Plural Governance: A Modified Transaction Cost Model ［C］. Academy of Management Annual Meeting Proceedings, 2014.

［54］ Nahapiet J. , Ghoshal S. Social Capital, Intellectual Capital, and the Organizational Advantage ［J］. Academyof Management Review, 1998, 23 (2): 242-266.

［55］ Ndoro J. T. , Mudhara M. , Chimonyo M. Farmers' Choice of Cattle Marketing Channels Under Transaction Cost in Rural South Africa: A Multinomial Logit Model ［J］. African Journal of Range & Forage Science, 2015, 32 (4): 243-252.

［56］ Nooteboom B. Towards a Dynamic Theory of Transactions ［J］. Journal of Evolutionary Economics, 1992, 2 (4): 281-299.

［57］ Nunnally J. C. Psychometric Theory (2nd Ed.)［M］. NY: McGraw-Hill, 1978.

［58］ Ostrom E. Social Capital: A Fad or a Fundamental Concept ［M］//P. Dasgupta, I. Serageldin. Social Capital: A Multifaceted Perspective. Washington: The World Bank, 2000: 172-214.

［59］ Parmigiani A. Why do Firms Both Make and Buy? An Investigation of Concurrent Sourcing ［J］. Strategic Management Journal, 2007, 28 (3): 285-311.

［60］ Parra-Requena G. , Ruiz-Ortega M. J. , García-Villaverde P. M. , et al. The Mediating Role of Knowledge Acquisition on the Relationship Between External Social Capital and Innovativeness ［J］. European Management Review, 2015, 12 (3): 149-169.

［61］ Payne G. T. , Moore C. B. , Griffis S. E. , et al. Multilevel Challenges and Opportunities in Social Capital Research ［J］. Journal of Management: Official Journal of the Southern Management Association, 2011, 37 (2): 491-520.

［62］ Peterson H. C. , Wysocki A. , Harsh S. B. Strategic Choice Along the Vertical Coordination Continuum ［J］. International Food & Agribusiness Management Review, 2001, 4 (4): 149-166.

［63］ Portes A. Social Capital: Its Origins and Applications in Modern Sociology ［J］. Annual Review of Sociology, 1998, 24 (1): 1-24.

［64］ Presutti M. , Boari C. , Fratocchi L. Knowledge Acquisition and the Foreign Development of High-tech Start-ups: A Social Capital Approach ［J］. International Business Review, 2007, 16 (1): 23-46.

［65］ Putnam R. D. , Leonardi R. , NonettiR. Y. Making Democracy Work: Civic Traditions in Modern Italy ［M］. NJ: Princeton University Press, 1993.

［66］ Rayton B. A. , Brammer S. J. , Down C. , et al. Contracting in the Presence of Specific Human Capital ［C］. International Society for New Institutional Economics 6th

Annual Meeting, 2002.

[67] Reynolds N., Fischer C., Hartmann M. Determinants of Sustainable Business Relationships in Selected German Agri-food Chains [J]. British Food Journal, 2009, 111 (8): 776-793.

[68] Rindfleisch A., Heide J. B. Transaction Cost Analysis: Past, Present, and Future Applications [J]. Journal of Marketing, 1997, 61 (4): 30-54.

[69] Robertson T. S., Gatignon, H. Technology Development Mode: A Transaction Cost Conceptualization [J]. Strategic Management Journal, 1998, 19 (6): 515-531.

[70] Robison L. J., Myers R. J., Siles M. E. Social Capital and the Terms of Trade for Farmland [J]. Applied Economic Perspectives and Policy, 2002, 24 (1): 44-58.

[71] Sambasivan M., Siew L. Factors Influencing Strategic Alliance Outcomes in a Manufacturing Supply Chain: Role of Alliance Motives, Interdependence, Asset Specificity and Relational Capital [J]. International Journal of Production Economics, 2013, 141 (1): 339-351.

[72] Sandelands E. Building Supply Chain Relationships [J]. International Journal of Physical Distribution & Logistics Management, 1994, 24 (3): 43-44.

[73] Seyedes Fahani M. M., Biazaran M., Gharakhani M. A Game Theoretic Approach to Coordinate Pricing and Vertical Co-op Advertising in Manufacturer-Retailer Supply Chains [J]. European Journal of Operational Research, 2011, 211 (2): 263-273.

[74] Sharp J. S., Smith M. B. Social Capital and Farming at the Rural-Urban Interface: The Importance of Nonfarmer and Farmer Relations [J]. Agricultural Systems, 2003, 76 (3): 913-927.

[75] Shideler D. W. Determinants of Individual Social Capital Investment [C]. American Agricultural Economics Association, 2004.

[76] Simon H. A. Administrative Behavior [M]. New York: Macmillan, 1961.

[77] Siles M., Hanson S. D., Robison L. J. Socio-Economics and the Probability of Loan Approval [J]. Applied Economic Perspectives and Policy, 1994, 16 (3): 363-372.

[78] Smith J. B., Barclay D. W. The Effects of Organizational Differences and Trust on the Effectiveness of Selling Partner Relationships [J]. The Journal of Marketing, 1997, 61 (1): 3-21.

[79] Sobel J. Can We Trust Social Capital? [J]. Journal of Economic Literature, 2002, 40 (1): 139-154.

[80] Stringer R., Sang N., Croppenstedt A. Producers, Processors, and Procurement Decisions: The Case of Vegetable Supply Chains in China [J]. World Development, 2009,

37 (11): 1773-1780.

[81] Tsai W., Ghoshal S. Social Capital and Value Creation: The Role of Intrafirm Networks [J]. Academy of Management Journal, 1998, 41 (4): 464-476.

[82] University S. C. C., Tu C. J., Li T. J., et al. Social Capital, Cooperative Performance, and Future Cooperation Intention Among Recreational Farm Area Owners in Taiwan [J]. Social Behavior & Personality An International Journal, 2010, 38 (10): 1409-1429.

[83] Vassalos M., Hu W., Woods T., et al. Risk Preferences, Transaction Costs, and Choice of Marketing Contracts: Evidence from a Choice Experiment with Fresh Vegetable Producers [J]. Agribusiness, 2016, 32 (3): 379-396.

[84] Vernimmen T., Verbeke W., Huylenbroeck G. V. Transaction Cost Analysis of Outsourcing Farm Administration by Belgian Farmers [J]. European Review of Agricultural Economics, 2000, 27 (3): 325-345.

[85] Williamson O. E. Markets and Hierarchies: Analysis and Antitrust Implicaiotns [M]. New York, The Free Press, 1975.

[86] Williamson O. E. The Economic Institutions of Capitalism: Firms, Markets, Relational Contracting [M]. New York: The Free Press, 1985.

[87] Wolz A., Fritzsch J., Reinsberg K. The Impact of Social Capital on Polish Farm Incomes: Findings of an Empirical Survey [J]. Post-Communist Economies, 2006, 18 (1): 85-99.

[88] Wong P. S. P., Cheung S. O. Structural Equation Model of Trust and Partnering Success [J]. Journal of Management in Engineering, 2005, 21 (2): 70-80.

[89] Woolcock M. The Place of Social Capital in Understanding Social and Economic Outcomes [J]. Canadian Journal of Policy Research, 2001, 2 (1): 11-17.

[90] Wu W. P., Choi W. L. Transaction Cost, Social Capital and Firms' Synergy Creation in Chinese Business Networks: An Integrative Approach [J]. Asia Pacific Journal of Management, 2004, 21 (3): 325-343.

[91] Wuepper D., Sauer J. Explaining the Performance of Contract Farming in Ghana: The Role of Self-efficacy and Social Capital [J]. Food Policy, 2016 (62): 11-27.

[92] Zeithaml V. A. The Behavioral Consequences of Service Quality [J]. Journal of Marketing, 1996, 60 (2): 31-46.

[93] Zucker L. G. Production of Trust: Institutional Sources of Economic Structure, 1840-1920. [J]. Research in Organizational Behavior, 1986, 8 (2): 53-111.

[94] 边燕杰, 丘海雄. 企业的社会资本及其功效 [J]. 中国社会科学, 2000 (2): 87-99.

[95] 边燕杰，王文彬，张磊，等. 跨体制社会资本及其收入回报 [J]. 中国社会科学，2012（2）：110-126.

[96] 包玉泽. 农产品营销渠道的选择：一种基于交易费用经济学的理论解释 [J]. 华中农业大学学报（社会科学版），2005，58（4）：39-42.

[97] 伯特. 结构洞——竞争的社会结构 [M]. 任敏，李巧，林化，译. 上海：格致出版社，2011.

[98] 波特斯. 社会资本：在现代社会学中的缘起和应用 [M]//李惠斌，杨雪冬. 社会资本与社会发展. 北京：社会科学文学出版社，2000.

[99] 蔡起华，朱玉春. 社会资本、收入差距对村庄集体行动的影响——以三省区农户参与小型农田水利设施维护为例 [J]. 公共管理学报，2016，13（4）：89-100.

[100] 蔡荣，马旺林，王舒娟. 小农户参与大市场的集体行动：合作社社员承诺及其影响因素 [J]. 中国农村经济，2015（4）：44-58.

[101] 蔡荣，韩洪云. 交易成本对农户垂直协作方式选择的影响——基于山东省苹果种植户的调查数据 [J]. 财贸经济，2011（7）：103-109.

[102] 陈健. 社会资本结构分析 [J]. 经济研究，2007（11）：104-111.

[103] 陈文玲，林梦琦. 论流通一般中的基本经济规律 [J]. 财贸经济，1999（5）：42-45.

[104] 陈晓琴，王钊. 农户农产品销售渠道选择行为研究——基于重庆市479名农户的调查数据 [J]. 调研世界，2017（2）：24-28.

[105] 陈熹. 社会资本视角下的农户借贷行为研究 [M]. 北京：社会科学文献出版社，2016.

[106] 陈志新. 基于动态信用农户供应链融资模式研究 [D]. 浙江大学，2011.

[107] 戴万亮，张慧颖，金彦龙. 内部社会资本对产品创新的影响——知识螺旋的中介效应 [J]. 科学学研究，2012，30（8）：145-153.

[108] 董晓波，常向阳. 替代交易费用、资产专用性与农业自我实施合约 [J]. 科研管理，2016，37（11）：159-166.

[109] 段利民，霍学喜. 基于交易成本理论的农民专业合作社创新研究 [J]. 西北农林科技大学学报（社会科学版），2013，13（5）：63-71.

[110] 杜义飞，李仕明. 基于Rubinstein-Stahl模型的供应链中间产品定价研究 [J]. 系统工程学报，2006，21（1）：33-37.

[111] 冯春，方晓舒，廖海燕. "公司+农户"模式下的主体决策行为研究 [J]. 系统科学学报，2018，26（2）：117-120.

[112] 费孝通. 乡土中国 [M]. 北京：北京出版社，2004.

[113] 费方域. 交易，合同关系的治理和企业 [J]. 外国经济与管理，1996（6）：

8-12.

[114] 高磊,李倩. 快速消费品企业分销渠道与营销管理方式探索 [J]. 现代商业,2017 (7):24-26.

[115] 高凤莲,王志强. 独立董事社会资本与高管薪酬——绩效敏感度 [J]. 经济管理,2016,38 (8):82-96.

[116] 关爱萍,李静宜. 社会资本影响农户收入的门槛效应研究——基于甘肃省贫困地区农户的调查 [J]. 甘肃行政学院学报,2017 (4):95-102.

[117] 郭亮. 订单交易成本、关系信任对农户履约行为的影响——以山东省286户果农调查数据为例 [J]. 华中农业大学学报 (社会科学版),2015,118 (4):56-61.

[118] 韩洪云,吕秀滢. 交易成本与农户销售渠道选择——基于浙江省仙居县杨梅种植户的调查 [J]. 经济经纬,2012 (2):105-109.

[119] 韩俊. 小农户仍是农业经营主体 [N]. 人民日报 (海外版),2019-03-02.

[120] 韩喜艳,高志峰,刘伟. 全产业链促进农产品流通的作用机理:理论模型与案例实证 [J]. 农业技术经济,2019 (4):55-70.

[121] 韩振国,刘启明,李拾娣,等. 社会资本与治理视角下"公司+农户"养殖模式契约稳定性分析 [J]. 农村经济,2014 (8):41-46.

[122] 何小洲,刘丹. 电子商务视角下的农产品流通效率 [J]. 西北农林科技大学学报 (社会科学版),2018,18 (1):58-65.

[123] 侯建昀,霍学喜. 交易成本与农户农产品销售渠道选择——来自7省124村苹果种植户的经验证据 [J]. 山西财经大学学报,2013,35 (7):56-64.

[124] 胡乔宁,王要武,胡乔迁. 企业价值链价值分配的优化研究 [J]. 哈尔滨工程大学学报,2009,30 (1):111-115.

[125] 黄国雄. 没有等价交换,就无法实现市场的双赢——四论商业原则 [J]. 北京工商大学学报 (社会科学版),2016,31 (4):1-3.

[126] 黄海,罗友丰,陈志英. SPSS 10.0 for Windows 统计分析 [M]. 北京:人民邮电出版社,2001.

[127] 黄福华,卢巧舒,李艳. 我国生鲜农产品物流的政府规制演进分析与优化策略 [J]. 湖南社会科学,2018,188 (4):123-130.

[128] 黄梦思,孙剑,陈新宇. "农业龙头企业+农户"模式中治理机制与农户续约意愿 [J]. 华中农业大学学报 (社会科学版),2018,136 (4):81-88.

[129] 黄祖辉,张静,Kevin,等. 交易费用与农户契约选择——来自浙冀两省15县30个村梨农调查的经验证据 [J]. 管理世界,2008 (9):76-81.

[130] 黄宗智. 华北的小农经济与社会变迁 [M]. 北京:中华书局,1986.

[131] 黄宗智. 长江三角洲小农家庭与乡村发展 [M]. 北京:中华书局,1992.

[132] 黄宗智. 中国的隐性农业革命（1980~2010）[J]. 开放时代, 2016 (2): 11-35.

[133] 姜长云. 完善我国农产品流通政策的若干建议 [J]. 宏观经济管理, 2012 (8): 39-40.

[134] 柯江林, 孙健敏, 石金涛, 等. 企业 R&D 团队之社会资本与团队效能关系的实证研究——以知识分享与知识整合为中介变量 [J]. 管理世界, 2007 (3): 89-101.

[135] 李爱喜, 陈晶萍, 甄明昊. 社会资本如何提升农户信用？——基于网络、信任与规范三维度的实证分析 [J]. 财经论丛（浙江财经大学学报）, 2017, 218 (3): 49-59.

[136] 李冰冰, 王曙光. 社会资本、乡村公共品供给与乡村治理——基于10省17村农户调查 [J]. 经济科学, 2013 (3): 61-71.

[137] 李恒. 中国农村家庭社会资本的结构与绩效——基于山东、河南、陕西三省调查 [J]. 农业经济问题, 2015 (9): 39-45.

[138] 李路路. 社会资本与私营企业家——中国社会结构转型的特殊动力 [J]. 社会学研究, 1995 (6): 46-58.

[139] 李庆海, 吕小锋, 李成友, 何靖. 社会资本对农户信贷违约影响的机制分析 [J]. 农业技术经济, 2018 (2): 104-118.

[140] 李世杰, 校亚楠, 沈媛瑶, 高健. 农民专业合作社能增大农户在流通渠道中的影响力吗——基于海南8个市县的问卷调查 [J]. 农业技术经济, 2016 (9): 50-59.

[141] 李文钊, 蔡长昆. 政治制度结构、社会资本与公共治理制度选择 [J]. 管理世界, 2012 (8): 43-54.

[142] 李文治. 论中国地主经济制与农业资本主义萌芽 [J]. 中国社会科学, 1981 (1): 143-160.

[143] 林家宝, 万俊毅, 鲁耀斌. 生鲜农产品电子商务消费者信任影响因素分析：以水果为例 [J]. 商业经济与管理, 2015, 283 (5): 5-15.

[144] 林润辉, 谢宗晓, 王兴起, 魏军. 制度压力、信息安全合法化与组织绩效——基于中国企业的实证研究 [J]. 管理世界, 2016 (2): 112-127.

[145] 梁爽, 张海洋, 平新乔, 郝朝艳. 财富、社会资本与农户的融资能力 [J]. 金融研究, 2014, 406 (4): 83-97.

[146] 李庆海, 吕小锋, 李锐, 孙光林. 社会资本有助于农户跨越融资的双重门槛吗？——基于江苏和山东两省的实证分析 [J]. 经济评论, 2016, 202 (6): 136-149.

[147] 刘晨, 罗力, 霍宝锋, Jeff Yeung. 3PL整合：关系因素与运营结果 [J]. 管理科学, 2014, 27 (6): 1-11.

[148] 刘诚,杨其静.契约环境、社会资本与农合组织形式[J].江苏社会科学,2012(1):49-55.

[149] 刘凤芹.不完全合约与履约障碍——以订单农业为例[J].经济研究,2003(4):22-30.

[150] 刘国光.商品流通业应从末端行业升位为先导性行业[J].市场营销导刊,1999(2):1.

[151] 刘俊文,陈宝峰.贫困地区农户社会资本及其对收入的影响——基于大小凉山彝族村落的证据[J].国家行政学院学报,2015(3):97-102.

[152] 刘星原.供应链与相似流通渠道的异同及构建研究[J].北京工商大学学报(社会科学版),2004,19(2):44-47.

[153] 刘林平.企业的社会资本:概念反思和测量途径——兼评边燕杰、丘海雄的《企业的社会资本及其功效》[J].社会学研究,2006(2):204-216.

[154] 刘倩.社会资本测量理论方法探讨:农户社会资本的测量[J].财经理论与实践,2018,39(4):122-130.

[155] 刘雯.收入差距、社会资本与农户消费[J].中国农村经济,2018,402(6):84-100.

[156] 柳海燕,白军飞,仇焕广,等.仓储条件和流动性约束对农户粮食销售行为的影响——基于一个两期销售农户决策模型的研究[J].管理世界,2011(11):66-75.

[157] 卢奇,洪涛,张建设.我国特色农产品现代流通渠道特征及优化[J].中国流通经济,2017,31(9):8-15.

[158] 罗家德,交易中的关系[J].北大商业评论,2007(8):142-147.

[159] 罗党论,唐清泉.政治关系、社会资本与政策资源获取:来自中国民营上市公司的经验证据[J].世界经济,2009(7):84-96.

[160] 罗必良.中国农产品流通体制改革的目标模式[J].经济理论与经济管理,2003(4):58-63.

[161] 罗珉,高强.中国网络组织:网络封闭和结构洞的悖论[J].中国工业经济,2011,284(11):90-99.

[162] 龙翠红,易承志.政府信任与社会资本对农民医保参与的影响——基于CGSS2012数据的实证分析[J].华中师范大学学报(人文社会科学版),2016,55(6):44-54.

[163] 马晨,王东阳.新零售时代电子商务推动农产品流通体系转型升级的机理研究及实施路径[J].科技管理研究,2019(1):197-204.

[164] 马胡杰,石岿然,范金.供应链买方信任的源起及其对合约弹性的影响

[J]．管理评论，2015，27（11）：192-206．

[165] 马克思恩格斯全集第46卷上［M］//张绪昌，丁俊发．流通经济学．北京：人民出版社，1995．

[166] 马克斯·韦伯．儒教与道教［M］．北京：商务印书馆，1999．

[167] 迈克尔·波特．竞争优势［M］．陈丽芳，译．北京：中信出版社，2014．

[168] 彭晖．流通经济学［M］．北京：科学出版社，2010．

[169] 彭晖，卞昊，哈博雅．企业社会资本与零售业上市公司绩效——以商业信用为中介变量［J］．宁夏社会科学，2018，210（4）：111-120．

[170] 彭晖，南昕峪．中国东西部地区蔬菜流通效率差异的比较研究［J］．华中农业大学学报（社会科学版），2016，123（3）：17-23．

[171] 彭晖，张嘉望，李博阳．社会资本、正式制度与地区技术创新——基于2000~2009年省级面板数据的分析［J］．商业研究，2017，59（7）：67-73．

[172] 彭晖，张颖．中国东西部地区蔬菜贸易竞争力比较研究［J］．农业经济与管理，2015，29（1）：79-91．

[173] 彭晖．完善陕西省农产品流通体系建设的对策研究［C］．陕西省改革发展研究会2009优秀论文集，2010．

[174] 浦徐进，刘焕明，戴丰．横向合作与纵向合作的机制设计——兼论"公司+农户合作经济组织"模式中的管理困境［J］．当代经济研究，2010（8）：37-41．

[175] 恰亚诺夫．农民经济组织［M］．萧正洪，译．北京：中央编译出版社，1996．

[176] 秦晖．当代农民研究中的"恰亚诺夫主义"［M］//恰亚诺夫．农民经济组织．萧正洪，译．北京：中央编译出版社，1996．

[177] 屈小博，霍学喜．交易成本对农户农产品销售行为的影响——基于陕西省6个县27个村果农调查数据的分析［J］．中国农村经济，2007（8）：35-46．

[178] 荣泰生．AMOS与研究方法［M］．重庆：重庆大学出版社，2009．

[179] 盛天翔，刘春林．网上交易服务质量四维度对顾客满意及忠诚度影响的实证分析［J］．南开管理评论，2008，11（6）：37-41．

[180] 孙世民，陈会英，李娟．优质猪肉供应链合作伙伴竞合关系分析——基于15省（市）的761份问卷调查数据和深度访谈资料［J］．中国农村观察，2009（6）：2-13．

[181] 孙天琦，魏建．农业产业化过程中"市场、准企业（准市场）和企业"的比较研究——从农业产业组织演进视角的分析［J］．中国农村观察，2000（2）：49-54．

[182] 孙伟仁，张平，赵德海．农产品流通产业供给侧结构性改革困境及对策[J]．经济纵横，2018，391（6）：105-110．

[183] 孙飞,白海琦.中国药品流通绩效的实证研究——基于384家药品流通企业的样本数据[J].经济与管理,2017,31(1):86-92.

[184] 宋洪远,赵海,徐雪高.从积贫积弱到全面小康——百年以来中国农业农村发展回顾与展望[J].中国农村经济,2012(1):4-15.

[185] 宋茂华.公司领办合作社的必然性及内在稳定性分析——从资产专用性角度的解析[J].学术交流,2013,237(12):117-121.

[186] 宋金田,祁春节.交易成本对农户农产品销售方式选择的影响——基于对柑橘种植农户的调查[J].中国农村观察,2011(5):33-44.

[187] 沈灏.转型经济环境下社会资本和组织学习对企业战略变化的影响——基于国有企业和民营企业的对比分析[J].经济管理,2017,39(6):69-85.

[188] 申云,贾晋.收入差距、社会资本与幸福感的经验研究[J].公共管理学报,2016,13(3):100-110.

[189] 谭智心,孔祥智.不完全契约、内部监督与合作社中小社员激励——合作社内部"搭便车"行为分析及其政策含义[J].中国农村经济,2012(7):17-28.

[190] 田敏,夏春玉.契约型农业中收购商管理控制与农户投机行为和绩效:农户感知公平的作用[J].商业经济与管理,2016,295(5):5-17.

[191] 童馨乐,褚保金,杨向阳.社会资本对农户借贷行为影响的实证研究——基于八省1003个农户的调查数据[J].金融研究,2011,378(12):177-191.

[192] 涂传清.农户介入农产品流通中高附加值活动的影响因素分析——基于赣南果农的实证研究[J].商业经济与管理,2014,271(5):12-23.

[193] 王春超,周先波.社会资本能影响农民工收入吗——基于有序响应收入模型的估计和检验[J].管理世界,2013(9):55-68.

[194] 王火根."龙头企业+农户"博弈模型研究[J].商业研究,2011,413(9):180-186.

[195] 王晓东,张昊.中国国内市场分割的非政府因素探析——流通的渠道、组织与统一市场构建[J].财贸经济,2012(11):85-92.

[196] 王晓东.中国流通产业组织化问题研究[M].北京:中国人民大学出版社,2013.

[197] 王晶,贾琪,杨浩雄.基于"农超对接"的第三方共同配送模式及成本分摊问题研究[J].物流技术,2013,32(13):4-6.

[198] 王伟光,冯荣凯,尹博.产业创新网络中核心企业控制力能够促进知识溢出吗?[J].管理世界,2015(6):99-109.

[199] 王霄,胡军.社会资本结构与中小企业创新——一项基于结构方程模型的实证研究[J].管理世界,2005(7):116-122.

[200] 王亚飞，唐爽．我国农业产业化进程中龙头企业与农户的博弈分析与改进——兼论不同组织模式的制度特性［J］．农业经济问题，2013（11）：50-57．

[201] 王永贵，马双，杨宏恩．服务外包中创新能力的测量、提升与绩效影响研究——基于发包与承包双方知识转移视角的分析［J］．管理世界，2015（6）：85-98．

[202] 王性玉，任乐，赵辉．社会资本对农户信贷配给影响的分类研究——基于河南省农户的数据检验［J］．经济问题探索，2016（9）：172-181．

[203] 王建浩，殷浩栋，汪三贵，朱烈夫．政治社会资本对农户借贷行为的影响研究——基于8省2185户农户数据的实证分析［J］．干旱区资源与环境，2019，33（3）：3-8．

[204] 王亚楠，胡雪艳，姜照君．社会资本、市场化程度与文化创意产业创新——来自中小微文化创意企业的调研数据［J］．西北大学学报（哲学社会科学版），2016，46（6）：104-111．

[205] 王秀杰．批发市场主导的蔬菜流通渠道的变革和创新［J］．经济与管理研究，2015，36（5）：62-67．

[206] 韦伯，马克斯．经济与社会（上卷）［M］．北京：商务印书馆，1997．

[207] 汪旭晖，张其林．基于线上线下融合的农产品流通模式研究——农产品O2O框架及趋势［J］．北京工商大学学报（社会科学版），2014，29（3）：18-25．

[208] 文志林，王淼．社会资本、道德资本与企业客户稳定关系：基于在华跨国管理咨询服务公司顾客视角的研究［J］．国际商务研究，2014，35（6）：85-94．

[209] 文军．从生存理性到社会理性选择：当代中国农民外出就业动因的社会学分析［J］．社会学研究，2001（6）：21-32．

[210] 翁贞林．农户理论与应用研究进展与述评［J］．农业经济问题，2008（8）：93-100．

[211] 吴学兵，乔娟，刘增金．养猪场（户）纵向协作形式选择及影响因素分析——基于北京市养猪场（户）的调研数据［J］．中国农业大学学报，2014，19（3）：229-235．

[212] 西奥多．舒尔茨．改造传统农业［M］．梁小民译．北京：商务印书馆，2006．

[213] 夏春玉．农产品流通研究专题［J］．商业经济与管理，2016，295（5）：5．

[214] 谢家智，王文涛．社会结构变迁、社会资本转换与农户收入差距［J］．中国软科学，2016（10）：20-36．

[215] 徐从才．流通理论研究的比较综合与创新［J］．财贸经济，2006（4）：27-35．

[216] 徐健，张闯，夏春玉．农户人际关系网络结构、交易成本与违约倾向［J］．财贸经济，2010（12）：133-139．

[217] 徐戈, 陆迁, 姜雅丽. 社会资本、收入多样化与农户贫困脆弱性 [J]. 中国人口·资源与环境, 2019, 29 (2): 123-133.

[218] 徐丽鹤, 袁燕. 财富分层、社会资本与农户民间借贷的可得性 [J]. 金融研究, 2017, 440 (2): 131-146.

[219] 徐雪高. 农户粮食销售时机选择及其影响因素分析 [J]. 财贸研究, 2011, 22 (1): 34-38.

[220] 徐忠爱. 社会资本嵌入: 公司和农户间契约稳定性的制度保障 [J]. 财贸经济, 2008 (7): 120-127.

[221] 徐勇, 邓大才. 社会化小农: 解释当今农户的一种视角 [J]. 学术月刊, 2006, 38 (7): 5-13.

[222] 徐勇. 农民理性的扩张: "中国奇迹"的创造主体分析——对既有理论的挑战及新的分析进路的提出 [J]. 中国社会科学, 2010 (1): 103-118.

[223] 薛建强. 中国农产品流通模式比较与选择研究 [D]. 东北财经大学, 2014.

[224] 亚当·斯密. 国民财富的性质与来源 [M]. 郭大力, 王亚南, 译. 北京: 商务印书馆, 2007.

[225] 杨慧, 蔡文. 订单农业中龙头企业与农户合作关系研究的新进展 [J]. 河北学刊, 2013, 33 (2): 128-132.

[226] 杨明洪. 农业产业化: 作为一种契约型组织的效率及其决定 [J]. 四川大学学报 (哲学社会科学版), 2002, 121 (4): 33-38.

[227] 杨小凯, 张永生. 新兴古典经济学和超边际分析 [M]. 北京: 中国人民大学出版社, 2000.

[228] 杨义凤. 制度建设还是道德约束——对社会变迁中信任建构的探索 [J]. 兰州学刊, 2013 (7): 155-158.

[229] 杨宜苗, 肖庆功. 不同流通渠道下农产品流通成本和效率比较研究——基于锦州市葡萄流通的案例分析 [J]. 农业经济问题, 2011 (2): 79-88.

[230] 杨玉兵, 胡汉辉. 网络结构与知识转移 [J]. 科学学与科学技术管理, 2008, 29 (2): 123-127.

[231] 姚俊. 理性选择、外部激励与新农保连续性参保——基于四省的调查 [J]. 中国人口科学, 2015 (4): 111-120.

[232] 姚文. 农产品交易垂直协作模式选择研究——以农户鲜茶叶交易为例 [D]. 华中农业大学, 2011.

[233] 姚铮, 顾慧莹. 创始人社会资本结构特征对科技型创业企业风险投资可得性的影响 [J]. 浙江大学学报 (人文社会科学版), 2019, 49 (1): 195-213.

[234] 姚源果，贺盛瑜. 基于交通大数据的农产品冷链物流配送路径优化研究[J]. 管理评论，2019，31（4）：240-253.

[235] 姚文，祁春节. 交易成本对中国农户鲜茶叶交易中垂直协作模式选择意愿的影响[J]. 中国农村观察，2011（2）：52-66.

[236] 应瑞瑶，王瑜. 交易成本对养猪户垂直协助方式选择的影响[J]. 中国农村观察，2009（2）：46-56，85.

[237] 俞雅乖. 农业产业化契约类型及稳定性分析——基于资产专用性视角[J]. 贵州社会科学，2008，218（2）：99-105.

[238] 翟珊珊. 龙头企业与农户合作关系、治理、绩效与影响因素[D]. 华中农业大学，2009.

[239] 周立群，曹利群. 商品契约优于要素契约——以农业产业化经营中的契约选择为例[J]. 经济研究，2002（1）：14-19.

[240] 周广肃，樊纲，申广军. 收入差距、社会资本与健康水平——基于中国家庭追踪调查（CFPS）的实证分析[J]. 管理世界，2014（7）：12-21，51.

[241] 周晔馨. 社会资本是穷人的资本吗？——基于中国农户收入的经验证据[J]. 管理世界，2012（7）：83-95.

[242] 张聪颖，霍学喜. 社会资本多维视角与农户销售渠道选择——基于微观调研数据的实证[J]. 华中农业大学学报（社会科学版），2017，127（1）：23-31.

[243] 张旭昆. "交易成本"概念：层次、分类[J]. 商业经济与管理，2012，246（4）：64-70.

[244] 张光磊，刘善仕. 企业能力与组织结构对自主创新的影响——基于中国国有企业的实证研究[J]. 管理学报，2012，9（3）：408-414.

[245] 张文宏. 中国社会网络与社会资本研究30年（下）[J]. 江海学刊，2011（3）：96-106.

[246] 张樱. 社会资本对企业R&D投资的影响——基于GMM方法的动态面板数据分析[J]. 上海经济研究，2016（5）：64-75.

[247] 赵大伟，景爱萍，陈建梅. 中国农产品流通渠道变革动力机制与政策导向[J]. 农业经济问题，2019（1）：104-113.

[248] 赵雪雁，侯彩霞，路慧玲，等. 藏族地区农户的社会资本特征分析——以甘南藏族自治州为例[J]. 中国人口·资源与环境，2012，22（12）：101-107.

[249] 朱华友，谢恩奇. 区域农产品流通模式研究——基于浙江省金华市的实地调查[J]. 农业经济问题，2013，34（10）：63-68.

[250] 朱毅，朱扬帆，朱熹. 人际关系互动与社会结构网络化——社会资本理论的建构基础[M]//郭毅，罗家德. 社会资本与管理学. 上海：华东理工大学出版

社，2007.

［251］钟敏．农产品流通渠道中合作社与经销商关系研究［D］．中央财经大学，2015.

［252］钟真，孔祥智．市场信号、农户类型与农业生产经营行为的逻辑——来自鲁、晋、宁千余农户调查的证据［J］．中国人民大学学报，2013，27（5）：62-75.

附　录

农户农产品流通渠道状况调查问卷

问卷编号　　　　调查员　　　　　　　调查时间　　　　　　　调查地点

尊敬的农户：

您好！

非常感谢您能抽时间回答本问卷，本次调查的目的是探讨农户农产品流通渠道选择的影响因素，以期对农产品的卖难问题提出政策建议。本调查纯属学术研究的需要，不会用于任何商业目的，我们保证您所提供的任何信息都将予以保密。再次感谢你的配合！

西安交通大学农产品流通渠道研究课题组

一、农户基本情况（在准确的回答下划√）

1. 性别：①男　②女
2. 年龄：_____
3. 受教育程度：①未上过学　②小学毕业　③初中毕业　④高中　⑤大学
4. 家庭务农人数：①1人　②2人　③3人　④4人　⑤5人　⑥5人以上
5. 您家从事蔬菜种植有多长时间？_____年
6. 您家用于蔬菜种植的土地面积有多大？_____亩
7. 您家种菜的品种是哪一类？①陆地菜　②大棚蔬菜　③其他
8. 除了种菜以外，您还从事哪些农业生产活动？
①没有干别的事情　②种植果树　③栽培苗木　④种植粮食作物　⑤养殖牲畜
⑥当代办　⑦主办合作社　⑧从事农家乐　⑨加工农产品　⑩其他

9. 您是否加入了合作社？①是　②否

10. 如果您没有加入合作社，原因是：
①村庄附近没有成立合作社　②合作社没有什么作用　③自己有能力，不需要加入合作社　④合作社成立时没得到信息，没有加入　⑤其他原因

11. 从您开始种植蔬菜以来，您感觉您种蔬菜的盈利情况如何？
①有较大盈利　②稍有盈利　③不亏不赚　④稍有亏损　⑤亏损

12. 您种植的蔬菜主要通过什么方式进行销售？
①亲自运到市场销售　②收购商上门收购　③由公司收购　④交给合作社销售　⑤由代办负责牵线销售　⑥网上销售　⑦其他

13. 如果情况允许，您最希望采取何种方式销售蔬菜？
①亲自运到市场销售　②收购商上门收购　③由公司收购　④交给合作社销售　⑤由代办负责牵线销售　⑥网上销售　⑦其他

二、请针对以下说法，指出您同意或不同意的程度（1 为非常不同意，2 为不同意，3 为不同意不反对，4 为同意，5 为完全同意）

不确定性观测测量	1	2	3	4	5
自然灾害的发生对种菜有影响					
消费者对蔬菜的需求数量和种类变化很快					
蔬菜价格变动很频繁					
把蔬菜交给合作社或龙头企业销售是为了确保蔬菜有稳定的销路					
种菜的技术变化很快					
我种植的蔬菜品种更新换代很快					
卖菜过程中菜的损耗很大					
我的收入每年变动比较大					
种菜的收入没有保障					
种菜的成本每年都在上涨					
每年都会出现菜卖不出去的现象					
我种菜的销售和成本数据很难准确计算					

资产专用性观测测量	1	2	3	4	5
为了种菜，我专门学习过蔬菜种植栽培知识					
为了种菜我购买了一些种菜需要的农机具					
为了种菜我投资建设了蔬菜大棚					

续表

资产专用性观测测量	1	2	3	4	5
菜地如果改种其他农作物的话，要花一段时间才能有收成					
菜地改种其他作物时，我会损失很多投资					
我种菜的知识和经验很难用于从事其他农业生产活动					
种菜不需要额外的技术（R）					
我与收购商建立起来的关系对销售其他种类的农产品没有帮助					

交易频率观测测量	1	2	3	4	5
我与主要收购商交易的次数要比跟其他人交易的次数多					
我主要的收购商愿意与我不断地进行交易					
我蔬菜的采摘期比较长					
在收获季节我几乎每天都要采摘蔬菜进行销售					
我希望能和固定的收购商多交易					
我只跟固定的收购商交易					

社会资本结构维度观测测量	1	2	3	4	5
我很重视与收购商的关系					
收购商很重视与我的关系					
我为了把菜卖出去付出了很多努力					
收购商为了购买我的蔬菜付出了很多努力					
卖菜过程中，我和收购商能充分交流信息					
交易过程中，收购商有时会隐瞒一些对我有利的市场信息（R）					
为了获得市场信息，我跟收购商会花很多时间进行沟通					
在种植品种方面，收购商会给我一些建议					
我与收购商之间经常进行经验或技术交流					
我是一个说到做到、遵守承诺的人					
与我交易的收购商是一个说到做到、遵守承诺的人					
我和收购商都不会投机取巧					
我的关系网络对我与收购商建立信任关系有帮助					
我的关系网络对我找到新的收购商有帮助					
我的关系网络对我提高种植技术有帮助					

续表

社会资本结构维度观测测量	1	2	3	4	5
我交易过的收购商会常常和我保持联系					
我与很多收购商保持联系					
我和很多收购商有过交易经历					

社会资本关系维度观测测量	1	2	3	4	5
我完全信任家人					
我完全信任亲戚朋友					
我完全信任老乡					
我完全信任陌生人					
村里绝大多数村民都是值得信任的					
村里人一般在借钱的事情上不会轻信					
我有困难时，村里人愿意帮助我					
我能顺利从邻居家借到扳手、螺丝刀等工具					
我信任收购商不会有意采取对我不利的行为					
我主要的收购商是值得信任的					
我与主要收购商已经形成了朋友关系					
我和收购商在交易过程中遵循互惠原则					
收购商有时候给我的交易条件有失公平（R）					
收购商愿意帮助我发展蔬菜种植					
农忙的时候，村里人会相互帮助					
我对收购商与我的关系感到满意					
我常交易的收购商给我的报价要高于其他收购商给我的报价					
我认为与我交易的收购商是值得尊重的					
与我交易的收购商是一个注重声誉的人					
我是一个注重自身声誉的人					

社会资本认知维度观测测量	1	2	3	4	5
我和主要收购商都清楚我们之间保持良好关系的重要性					
我与主要收购商能谈得来					
我与主要买家的长期目标是一致的					
我认为目前社会风气好，大家都遵循道德规范					
我认为目前市场环境好，大家都遵循公平交易					

流通渠道选择观测测量	1	2	3	4	5
我认为与龙头企业合作能提高我的收入					
即使有其他交易机会，我也仍然愿意和与我长期交易的收购商合作					
我会向其他村民推荐与我合作的收购商					
我希望能把菜卖给龙头企业					
我认为参加合作社能提高我的收入					
我希望能和目前与我交易的收购商长期合作					

后 记

本书的研究虽然结束了，但在研究和调研过程中遇到的一些困惑还是久久萦绕在我心中，对一个有着众多农业人口的国家来说，破解农民现实生活中的难题，这不是一本书、一个研究所能解决的，而农户对土地的热爱，对自己劳动成果的呵护，对自己辛勤劳动的无怨无悔付出，都带给课题组研究者无限的激情和感动。

在本书的研究过程中，要感谢很多受访者，是他们不厌其烦地接受课题组的调研访谈，才使本书得以顺利进行。感谢在调研过程中提供过帮助的有关部门和企业，包括民革陕西省委员会、陕西省农业厅、乾县农业局、泾阳蔬菜局、山阳县中小企业局、云阳镇政府、陕西齐峰果业有限责任公司、陕西恒绿科技发展有限公司、陕西野森林食品有限公司、陕西天元隆农业科技有限公司、陕西天竺源有限公司、陕西天之润科技有限公司、山阳县家金商贸有限责任公司，以及很多村委会、农业合作社为我们的调研提供了大量的帮助，在此一并表示感谢！感谢接受我们深度访谈和入户调研的众多农户，正是这些受访者提供了有用的信息并填写了调查问卷，才使课题组成员在一定程度上了解了农户农产品流通渠道选择的实际状况，从而使本书得以顺利完成。

研究是一门遗憾的艺术，最好的作品永远在下一部。限于本人和课题组成员的研究能力和水平，该书存在的不足和薄弱之处，有待于以后进一步学习和深入研究进行弥补。

课题研究的结束，又将是一个新的开始，在中国广袤的农村天地，有着太多的问题等着我们去发现、去研究、去接受新的挑战。